Hola chico, hola chica,

¡Arriba! Die 65 wichtigsten spanischen Verben ist ideal für die Schule oder zum Nachschlagen für unterwegs.

Die Verben sind in alphabetischer Reihenfolge angeführt und in den folgenden Zeiten konjugiert:

presente	perfecto
imperfecto	pluscuamperfecto
indefinido	anterior
futuro simple	futuro perfecto
condicional simple	condicional perfecto
subjuntivo presente	subjuntivo perfecto
subjuntivo imperfecto	subjuntivo pluscuamperfecto*
imperativo afirmativo	imperativo negativo
infinitivo compuesto	participio
gerundio simple	gerundio compuesto

* zwei Formen möglich:
hubiera/hubieras/hubiera/hubiéramos/hubierais/hubieran + participio
hubiese/hubieses/hubiese/hubiésemos/hubieseis/hubiesen + participio
(In den Tabellen ist aus Platzgründen nur Variante 1 angegeben)

Neben dem Infinitiv ist in Klammer die deutsche Bedeutung angegeben, zB:
5   amar (lieben)

¡Mucha suerte!

Verena Lechner

Übersicht Verbtabellen

1	abandonar	26	habitar	51	salir
2	abrir	27	hablar	52	saludar
3	acabar	28	hacer	53	sentarse
4	aguardar	29	ir	54	ser
5	amar	30	lavar	55	subir
6	beber	31	leer	56	telefonear
7	cerrar	32	levantarse	57	tener
8	comenzar	33	llamarse	58	tomar
9	comer	34	llegar	59	trabajar
10	comprar	35	llevar	60	traer
11	comprender	36	mirar	61	venir
12	conocer	37	ofrecer	62	ver
13	continuar	38	oír	63	vestirse
14	creer	39	olvidar	64	viajar
15	dar	40	pagar	65	vivir
16	deber	41	partir		
17	decir	42	perder		
18	desear	43	poder		
19	despertarse	44	poner		
20	dormir	45	preferir		
21	encontrarse	46	preguntar		
22	escribir	47	preparar		
23	escuchar	48	querer		
24	estar	49	reír		
25	estudiar	50	saber		

1 abandonar (verlassen)

presente	perfecto
abandono	he abandonado
abandonas	has abandonado
abandona	ha abandonado
abandonamos	hemos abandonado
abandonáis	habéis abandonado
abandonan	han abandonado

imperfecto	pluscuamperfecto
abandonaba	había abandonado
abandonabas	habías abandonado
abandonaba	había abandonado
abandonábamos	habíamos abandonado
abandonabais	habías abandonado
abandonaban	habían abandonado

indefinido	anterior
abandoné	hube abandonado
abandonaste	hubiste abandonado
abandonó	hubo abandonado
abandonamos	hubimos abandonado
abandonasteis	hubisteis abandonado
abandonaron	hubieron abandonado

futuro simple	futuro perfecto
abandonaré	habré abandonado
abandonarás	habrás abandonado
abandonará	habrá abandonado
abandonaremos	habremos abandonado
abandonaréis	habréis abandonado
abandonarán	habrán abandonado

condicional simple	condicional perfecto
abandonaría	habría abandonado
abandonarías	habrías abandonado
abandonaría	habría abandonado
abandonaríamos	habríamos abandonado
abandonaríais	habríais abandonado
abandonarían	habrían abandonado

subjuntivo presente	subjuntivo perfecto
abandone	haya abandonado
abandones	hayas abandonado
abandone	haya abandonado
abandonemos	hayamos abandonado
abandonéis	hayáis abandonado
abandonen	hayan abandonado

subjuntivo imperfecto	subjuntivo pluscuamperfecto
abandonara/viviese	hubiera abandonado
abandonaras/vivieses	hubieras abandonado
abandonara/viviese	hubiera abandonado
abandonáramos/viviésemos	hubiéramos abandonado
abandonarais/vivieseis	hubierais abandonado
abandonaran/viviesen	hubieran abandonado

imperativo afirmativo	imperativo negativo
abandona	abandones
abandone	abandone
abandonemos	abandonemos
abandonad	abandonéis
abandonen	abandonen

infinitivo compuesto	participio
haber abandonado	abandonado

gerundio simple	gerundio compuesto
abandonando	habiendo abandonado

2   abrir (öffnen)

presente	perfecto
abro	he abierto
abres	has abierto
abre	ha abierto
abrimos	hemos abierto
abrís	habéis abierto
abren	han abierto

imperfecto	pluscuamperfecto
abría	había abierto
abrías	habías abierto
abría	había abierto
abríamos	habíamos abierto
abríais	habíais abierto
abrían	habían abierto

indefinido	anterior
abrí	hube abierto
abriste	hubiste abierto
abrió	hubo abierto
abrimos	hubimos abierto
abristeis	hubisteis abierto
abrieron	hubieron abierto

futuro simple	futuro perfecto
abriré	habré abierto
abrirás	habrás abierto
abrirá	habrá abierto
abriremos	habremos abierto
abriréis	habréis abierto
abrirán	habrán abierto

condicional simple	condicional perfecto
abriría	habría abierto
abrirías	habrías abierto
abriría	habría abierto
abriríamos	habríamos abierto
abriríais	habríais abierto
abrirían	habrían abierto

subjuntivo presente	subjuntivo perfecto
abra	haya abierto
abras	hayas abierto
abra	haya abierto
abramos	hayamos abierto
abráis	hayáis abierto
abran	hayan abierto

subjuntivo imperfecto	subjuntivo pluscuamperfecto
abriera/abriese	hubiera abierto
abrieras/abrieses	hubieras abierto
abriera/abriese	hubiera abierto
abriéramos/abriésemos	hubiéramos abierto
abrierais/abrieseis	hubierais abierto
abrieran/abriesen	hubieran abierto

imperativo afirmativo	imperativo negativo
abre	abras
abra	abra
abramos	abramos
abrid	abráis
abran	abran

infinitivo compuesto	participio
haber abierto	abierto

gerundio simple	gerundio compuesto
abriendo	habiendo abierto

3 acabar (enden, beenden)

presente	perfecto
acabo	he acabado
acabas	has acabado
acaba	ha acabado
acabamos	hemos acabado
acabáis	habéis acabado
acaban	han acabado

imperfecto	pluscuamperfecto
acababa	había acabado
acababas	habías acabado
acababa	había acabado
acabábamos	habíamos acabado
acababais	habíais acabado
acababan	habían acabado

indefinido	anterior
acabé	hube acabado
acabaste	hubiste acabado
acabó	hubo acabado
acabamos	hubimos acabado
acabasteis	hubisteis acabado
acabaron	hubieron acabado

futuro simple	futuro perfecto
acabaré	habré acabado
acabarás	habrás acabado
acabará	habrá acabado
acabaremos	habremos acabado
acabaréis	habréis acabado
acabarán	habrán acabado

condicional simple	condicional perfecto
acabaría	habría acabado
acabarías	habrías acabado
acabaría	habría acabado
acabaríamos	habríamos acabado
acabaríais	habríais acabado
acabarían	habrían acabado

subjuntivo presente	subjuntivo perfecto
acabe	haya acabado
acabes	hayas acabado
acabe	haya acabado
acabemos	hayamos acabado
acabéis	hayáis acabado
acaben	hayan acabado

subjuntivo imperfecto	subjuntivo pluscuamperfecto
acabara/acabase	hubiera acabado
acabaras/acabases	hubieras acabado
acabara/acabase	hubiera acabado
acabáramos/acabásemos	hubiéramos acabado
acabarais/acabaseis	hubierais acabado
acabaran/acabasen	hubieran acabado

imperativo afirmativo	imperativo negativo
acaba	acabes
acabe	acabe
acabemos	acabemos
acabad	acabéis
acaben	acaben

infinitivo compuesto	participio
haber acabado	acabado

gerundio simple	gerundio compuesto
acabando	habiendo acabado

4 aguardar (warten, erwarten)

presente	perfecto
aguardo	he aguardado
aguardas	has aguardado
aguarda	ha aguardado
aguardamos	hemos aguardado
aguardáis	habéis aguardado
aguardan	han aguardado

imperfecto	pluscuamperfecto
aguardaba	había aguardado
aguardabas	habías aguardado
aguardaba	había aguardado
aguardábamos	habíamos aguardado
aguardabais	habíais aguardado
aguardaban	habían aguardado

indefinido	anterior
aguardé	hube aguardado
aguardaste	hubiste aguardado
aguardó	hubo aguardado
aguardamos	hubimos aguardado
aguardasteis	hubisteis aguardado
aguardaron	hubieron aguardado

futuro simple	futuro perfecto
aguardaré	habré aguardado
aguardarás	habrás aguardado
aguardará	habrá aguardado
aguardaremos	habremos aguardado
aguardaréis	habréis aguardado
aguardarán	habrán aguardado

condicional simple	condicional perfecto
aguardaría	habría aguardado
aguardarías	habrías aguardado
aguardaría	habría aguardado
aguardaríamos	habríamos aguardado
aguardaríais	habríais aguardado
aguardarían	habrían aguardado

subjuntivo presente	subjuntivo perfecto
aguarde	haya aguardado
aguardes	hayas aguardado
aguarde	haya aguardado
aguardemos	hayamos aguardado
aguardéis	hayáis aguardado
aguarden	hayan aguardado

subjuntivo imperfecto	subjuntivo pluscuamperfecto
aguardara/aguardase	hubiera aguardado
aguardaras/aguardases	hubieras aguardado
aguardara/aguardase	hubiera aguardado
aguardáramos/aguardásemos	hubiéramos aguardado
aguardarais/aguardaseis	hubierais aguardado
aguardaran/aguardasen	hubieran aguardado

imperativo afirmativo	imperativo negativo
aguarda	no aguardes
aguarde	no aguarde
aguardemos	no aguardemos
aguardad	no aguardéis
aguarden	no aguarden

infinitivo compuesto	participio
haber aguardado	aguardado

gerundio simple	gerundio compuesto
aguardando	habiendo aguardado

5 amar (lieben)

presente	perfecto
amo	he amado
amas	has amado
ama	ha amado
amamos	hemos amado
amáis	habéis amado
aman	han amado

imperfecto	pluscuamperfecto
amaba	había amado
amabas	habías amado
amaba	había amado
amábamos	habíamos amado
amabais	habíais amado
amaban	habían amado

indefinido	anterior
amé	hube amado
amaste	hubiste amado
amó	hubo amado
amamos	hubimos amado
amasteis	hubisteis amado
amaron	hubieron amado

futuro simple	futuro perfecto
amaré	habré amado
amarás	habrás amado
amará	habrá amado
amaremos	habremos amado
amaréis	habréis amado
amarán	habrán amado

condicional simple	condicional perfecto
amaría	habría amado
amarías	habrías amado
amaría	habría amado
amaríamos	habríamos amado
amaríais	habríais amado
amarían	habrían amado

subjuntivo presente	subjuntivo perfecto
ame	haya amado
ames	hayas amado
ame	haya amado
amemos	hayamos amado
améis	hayáis amado
amen	hayan amado

subjuntivo imperfecto	subjuntivo pluscuamperfecto
amara/amase	hubiera amado
amaras/amases	hubieras amado
amara/amase	hubiera amado
amáramos/amásemos	hubiéramos amado
amarais/amaseis	hubierais amado
amaran/amasen	hubieran amado

imperativo afirmativo	imperativo negativo
ama	ames
ame	ame
amemos	amemos
amad	améis
amen	amen

infinitivo compuesto	participio
haber amado	amado

gerundio simple	gerundio compuesto
amando	habiendo amado

6   beber (trinken)

presente	perfecto
bebo	he bebido
bebes	has bebido
bebe	ha bebido
bebemos	hemos bebido
bebéis	habéis bebido
beben	han bebido

imperfecto	pluscuamperfecto
bebía	había bebido
bebías	habías bebido
bebía	había bebido
bebíamos	habíamos bebido
bebíais	habíais bebido
bebían	habían bebido

indefinido	anterior
bebí	hube bebido
bebiste	hubiste bebido
bebió	hubo bebido
bebimos	hubimos bebido
bebisteis	hubisteis bebido
bebieron	hubieron bebido

futuro simple	futuro perfecto
beberé	habré bebido
beberás	habrás bebido
beberá	habrá bebido
beberemos	habremos bebido
beberéis	habréis bebido
beberán	habrán bebido

condicional simple	condicional perfecto
bebería	habría bebido
beberías	habrías bebido
bebería	habría bebido
beberíamos	habríamos bebido
beberíais	habríais bebido
beberían	habrían bebido

subjuntivo presente	subjuntivo perfecto
beba	haya bebido
bebas	hayas bebido
beba	haya bebido
bebamos	hayamos bebido
bebáis	hayáis bebido
beban	hayan bebido

subjuntivo imperfecto	subjuntivo pluscuamperfecto
bebiera/bebiese	hubiera bebido
bebieras/bebieses	hubieras bebido
bebiera/bebiese	hubiera bebido
bebiéramos/bebiésemos	hubiéramos bebido
bebierais/bebieseis	hubierais bebido
bebieran/bebiesen	hubieran bebido

imperativo afirmativo	imperativo negativo
bebe	bebas
beba	beba
bebamos	bebamos
bebed	bebáis
beban	beban

infinitivo compuesto	participio
haber bebido	bebido

gerundio simple	gerundio compuesto
bebiendo	habiendo bebido

7   cerrar (schließen)

presente	perfecto
cierro	he cerrado
cierras	has cerrado
cierra	ha cerrado
cerramos	hemos cerrado
cerráis	habéis cerrado
cierran	han cerrado

imperfecto	pluscuamperfecto
cerraba	había cerrado
cerrabas	habías cerrado
cerraba	había cerrado
cerrábamos	habíamos cerrado
cerrabais	habíais cerrado
cerraban	habían cerrado

indefinido	anterior
cerré	hube cerrado
cerraste	hubiste cerrado
cerró	hubo cerrado
cerramos	hubimos cerrado
cerrasteis	hubisteis cerrado
cerraron	hubieron cerrado

futuro simple	futuro perfecto
cerraré	habré cerrado
cerrarás	habrás cerrado
cerrará	habrá cerrado
cerraremos	habremos cerrado
cerraréis	habréis cerrado
cerrarán	habrán cerrado

condicional simple	condicional perfecto
cerraría	habría cerrado
cerrarías	habrías cerrado
cerraría	habría cerrado
cerraríamos	habríamos cerrado
cerraríais	habríais cerrado
cerrarían	habrían cerrado

subjuntivo presente	subjuntivo perfecto
cierre	haya cerrado
cierres	hayas cerrado
cierre	haya cerrado
cerremos	hayamos cerrado
cerréis	hayáis cerrado
cierren	hayan cerrado

subjuntivo imperfecto	subjuntivo pluscuamperfecto
cerrara/cerrase	hubiera cerrado
cerraras/cerrases	hubieras cerrado
cerrara/cerrase	hubiera cerrado
cerráramos/cerrásemos	hubiéramos cerrado
cerrarais/cerraseis	hubierais cerrado
cerraran/cerrasen	hubieran cerrado

imperativo afirmativo	imperativo negativo
cierra	cierres
cierre	cierre
cerremos	cerremos
cerrad	cerréis
cierren	cierren

infinitivo compuesto	participio
haber cerrado	cerrado

gerundio simple	gerundio compuesto
cerrando	habiendo cerrado

8   comenzar (anfangen, beginnen)

presente	perfecto
comienzo	he comenzado
comienzas	has comenzado
comienza	ha comenzado
comenzamos	hemos comenzado
comenzáis	habéis comenzado
comienzan	han comenzado

imperfecto	pluscuamperfecto
comenzaba	había comenzado
comenzabas	habías comenzado
comenzaba	había comenzado
comenzábamos	habíamos comenzado
comenzabais	habíais comenzado
comenzaban	habían comenzado

indefinido	anterior
comencé	hube comenzado
comenzaste	hubiste comenzado
comenzó	hubo comenzado
comenzamos	hubimos comenzado
comenzasteis	hubisteis comenzado
comenzaron	hubieron comenzado

futuro simple	futuro perfecto
comenzaré	habré comenzado
comenzarás	habrás comenzado
comenzará	habrá comenzado
comenzaremos	habremos comenzado
comenzaréis	habréis comenzado
comenzarán	habrán comenzado

condicional simple	condicional perfecto
comenzaría	habría comenzado
comenzarías	habrías comenzado
comenzaría	habría comenzado
comenzaríamos	habríamos comenzado
comenzaríais	habríais comenzado
comenzarían	habrían comenzado

subjuntivo presente	subjuntivo perfecto
comience	haya comenzado
comiences	hayas comenzado
comience	haya comenzado
comencemos	hayamos comenzado
comencéis	hayáis comenzado
comiencen	hayan comenzado

subjuntivo imperfecto	subjuntivo pluscuamperfecto
comenzara/comenzase	hubiera comenzado
comenzaras/comenzases	hubieras comenzado
comenzara/comenzase	hubiera comenzado
comenzáramos/comenzásemos	hubiéramos comenzado
comenzarais/comenzaseis	hubierais comenzado
comenzaran/comenzasen	hubieran comenzado

imperativo afirmativo	imperativo negativo
comienza	comiences
comience	comience
comencemos	comencemos
comenzad	comencéis
comiencen	comiencen

infinitivo compuesto	participio
haber comenzado	comenzado

gerundio simple	gerundio compuesto
comenzando	habiendo comenzado

9   comer (essen)

presente	perfecto
como	he comido
comes	has comido
come	ha comido
comemos	hemos comido
coméis	habéis comido
comen	han comido

imperfecto	pluscuamperfecto
comía	había comido
comías	habías comido
comía	había comido
comíamos	habíamos comido
comíais	habíais comido
comían	habían comido

indefinido	pretérito anterior
comí	hube comido
comiste	hubiste comido
comió	hubo comido
comimos	hubimos comido
comisteis	hubisteis comido
comieron	hubieron comido

futuro simple	futuro perfecto
comeré	habré comido
comerás	habrás comido
comerá	habrá comido
comeremos	habremos comido
comeréis	habréis comido
comerán	habrán comido

condicional simple	condicional perfecto
comería	habría comido
comerías	habrías comido
comería	habría comido
comeríamos	habríamos comido
comeríais	habríais comido
comerían	habrían comido

subjuntivo presente	subjuntivo perfecto
coma	haya comido
comas	hayas comido
coma	haya comido
comamos	hayamos comido
comáis	hayáis comido
coman	hayan comido

subjuntivo imperfecto	subjuntivo pluscuamperfecto
comiera/comiese	hubiera comido
comieras/comieses	hubieras comido
comiera/comiese	hubiera comido
comiéramos/comiésemos	hubiéramos comido
comierais/comieseis	hubierais comido
comieran/comiesen	hubieran comido

imperativo afirmativo	imperativo negativo
come	comas
coma	coma
comamos	comamos
comed	comáis
coman	coman

infinitivo compuesto	participio
haber comido	comido

gerundio simple	gerundio compuesto
comiendo	habiendo comido

10 comprar (kaufen)

presente	perfecto
compro	he comprado
compras	has comprado
compra	ha comprado
compramos	hemos comprado
compráis	habéis comprado
compran	han comprado

imperfecto	pluscuamperfecto
compraba	había comprado
comprabas	habías comprado
compraba	había comprado
comprábamos	habíamos comprado
comprabais	habíais comprado
compraban	habían comprado

indefinido	anterior
compré	hube comprado
compraste	hubiste comprado
compró	hubo comprado
compramos	hubimos comprado
comprasteis	hubisteis comprado
compraron	hubieron comprado

futuro simple	futuro perfecto
compraré	habré comprado
comprarás	habrás comprado
comprará	habrá comprado
compraremos	habremos comprado
compraréis	habréis comprado
comprarán	habrán comprado

condicional simple	condicional perfecto
compraría	habría comprado
comprarías	habrías comprado
compraría	habría comprado
compraríamos	habríamos comprado
compraríais	habríais comprado
comprarían	habrían comprado

subjuntivo presente	subjuntivo perfecto
compre	haya comprado
compres	hayas comprado
compre	haya comprado
compremos	hayamos comprado
compréis	hayáis comprado
compren	hayan comprado

subjuntivo imperfecto	subjuntivo pluscuamperfecto
comprara/comprase	hubiera comprado
compraras/comprases	hubieras comprado
comprara/comprase	hubiera comprado
compráramos/comprásemos	hubiéramos comprado
comprarais/compraseis	hubierais comprado
compraran/comprasen	hubieran comprado

imperativo afirmativo	imperativo negativo
compra	compres
compre	compre
compremos	compremos
comprad	compréis
compren	compren

infinitivo compuesto	participio
haber comprado	comprado

gerundio simple	gerundio compuesto
comprando	habiendo comprado

11   comprender (verstehen)

presente	perfecto
comprendo	he comprendido
comprendes	has comprendido
comprende	ha comprendido
comprendemos	hemos comprendido
comprendéis	habéis comprendido
comprenden	han comprendido

imperfecto	pluscuamperfecto
comprendía	había comprendido
comprendías	habías comprendido
comprendía	había comprendido
comprendíamos	habíamos comprendido
comprendíais	habíais comprendido
comprendían	habían comprendido

indefinido	anterior
comprendí	hube comprendido
comprendiste	hubiste comprendido
comprendió	hubo comprendido
comprendimos	hubimos comprendido
comprendisteis	hubisteis comprendido
comprendieron	hubieron comprendido

futuro simple	futuro perfecto
comprenderé	habré comprendido
comprenderás	habrás comprendido
comprenderá	habrá comprendido
comprenderemos	habremos comprendido
comprenderéis	habréis comprendido
comprenderán	habrán comprendido

condicional simple	condicional perfecto
comprendería	habría comprendido
comprenderías	habrías comprendido
comprendería	habría comprendido
comprenderíamos	habríamos comprendido
comprenderíais	habríais comprendido
comprenderían	habrían comprendido

subjuntivo presente	subjuntivo perfecto
comprenda	haya comprendido
comprendas	hayas comprendido
comprenda	haya comprendido
comprendamos	hayamos comprendido
comprendáis	hayáis comprendido
comprendan	hayan comprendido

subjuntivo imperfecto	subjuntivo pluscuamperfecto
comprendiera/comprendiese	hubiera comprendido
comprendieras/comprendieses	hubieras comprendido
comprendiera/comprendiese	hubiera comprendido
comprendiéramos/comprendiésemos	hubiéramos comprendido
comprendierais/comprendierais	hubierais comprendido
comprendieran/comprendieran	hubieran comprendido

imperativo afirmativo	imperativo negativo
comprende	comprendas
comprenda	comprenda
comprendamos	comprendamos
comprended	comprendáis
comprendan	comprendan

infinitivo compuesto	participio
haber comprendido	comprendido

gerundio simple	gerundio compuesto
comprendiendo	habiendo comprendido

12   conocer (kennen)

presente	perfecto
conozco	he conocido
conoces	has conocido
conoce	ha conocido
conocemos	hemos conocido
conocéis	habéis conocido
conocen	han conocido

imperfecto	pluscuamperfecto
conocía	había conocido
conocías	habías conocido
conocía	había conocido
conocíamos	habíamos conocido
conocíais	habíais conocido
conocían	habían conocido

indefinido	pretérito anterior
conocí	hube conocido
conociste	hubiste conocido
conoció	hubo conocido
conocimos	hubimos conocido
conocisteis	hubisteis conocido
conocieron	hubieron conocido

futuro simple	futuro perfecto
conoceré	habré conocido
conocerás	habrás conocido
conocerá	habrá conocido
conoceremos	habremos conocido
conoceréis	habréis conocido
conocerán	habrán conocido

condicional simple	condicional perfecto
conocería	habría conocido
conocerías	habrías conocido
conocería	habría conocido
conoceríamos	habríamos conocido
conoceríais	habríais conocido
conocerían	habrían conocido

subjuntivo presente	subjuntivo perfecto
conozca	haya conocido
conozcas	hayas conocido
conozca	haya conocido
conozcamos	hayamos conocido
conozcáis	hayáis conocido
conozcan	hayan conocido

subjuntivo imperfecto	subjuntivo pluscuamperfecto
conociera/conociese	hubiera conocido
conocieras/conocieses	hubieras conocido
conociera/conociese	hubiera conocido
conociéramos/conociésemos	hubiéramos conocido
conocierais/conocieseis	hubierais conocido
conocieran/conociesen	hubieran conocido

imperativo afirmativo	imperativo negativo
conoce	conozcas
conozca	conozca
conozcamos	conozcamos
conoced	conozcáis
conozcan	conozcan

infinitivo compuesto	participio
haber conocido	conocido

gerundio simple	gerundio compuesto
conociendo	habiendo conocido

13   continuar (fortsetzen)

presente	perfecto
continúo	he continuado
continúas	has continuado
continúa	ha continuado
continuamos	hemos continuado
continuáis	habéis continuado
continúan	han continuado

imperfecto	pluscuamperfecto
continuaba	había continuado
continuabas	habías continuado
continuaba	había continuado
continuábamos	habíamos continuado
continuabais	habíais continuado
continuaban	habían continuado

indefinido	anterior
continué	hube continuado
continuaste	hubiste continuado
continuó	hubo continuado
continuamos	hubimos continuado
continuasteis	hubisteis continuado
continuaron	hubieron continuado

futuro simple	futuro perfecto
continuaré	habré continuado
continuarás	habrás continuado
continuará	habrá continuado
continuaremos	habremos continuado
continuaréis	habréis continuado
continuarán	habrán continuado

condicional simple	condicional perfecto
continuaría	habría continuado
continuarías	habrías continuado
continuaría	habría continuado
continuaríamos	habríamos continuado
continuaríais	habríais continuado
continuarían	habrían continuado

subjuntivo presente	subjuntivo perfecto
continúe	haya continuado
continúes	hayas continuado
continúe	haya continuado
continuemos	hayamos continuado
continuéis	hayáis continuado
continúen	hayan continuado

subjuntivo imperfecto	subjuntivo pluscuamperfecto
continuara/continuase	hubiera continuado
continuaras/continuases	hubieras continuado
continuara/continuase	hubiera continuado
continuáramos/continuásemos	hubiéramos continuado
continuarais/continuaseis	hubierais continuado
continuaran/continuasen	hubieran continuado

imperativo afirmativo	imperativo negativo
continúa	continúes
continúe	continúe
continuemos	continuemos
continuad	continuéis
continúen	continúen

infinitivo compuesto	participio
haber continuado	continuado

gerundio simple	gerundio compuesto
continuando	habiendo continuado

14   creer (glauben)

presente	perfecto
creo	he creído
crees	has creído
cree	ha creído
creemos	hemos creído
creéis	habéis creído
creen	han creído

imperfecto	pluscuamperfecto
creía	había creído
creías	habías creído
creía	había creído
creíamos	habíamos creído
creíais	habíais creído
creían	habían creído

indefinido	pretérito anterior
creí	hube creído
creíste	hubiste creído
creyó	hubo creído
creímos	hubimos creído
creísteis	hubisteis creído
creyeron	hubieron creído

futuro simple	futuro perfecto
creeré	habré creído
creerás	habrás creído
creerá	habrá creído
creeremos	habremos creído
creeréis	habréis creído
creerán	habrán creído

condicional simple	condicional perfecto
creería	habría creído
creerías	habrías creído
creería	habría creído
creeríamos	habríamos creído
creeríais	habríais creído
creerían	habrían creído

subjuntivo presente	subjuntivo perfecto
crea	haya creído
creas	hayas creído
crea	haya creído
creamos	hayamos creído
creáis	hayáis creído
crean	hayan creído

subjuntivo imperfecto	subjuntivo pluscuamperfecto
creyera/creyese	hubiera creído
creyeras/creyeses	hubieras creído
creyera/creyese	hubiera creído
creyéramos/creyésemos	hubiéramos creído
creyerais/creyeseis	hubierais creído
creyeran/creyesen	hubieran creído

imperativo afirmativo	imperativo negativo
cree	creas
crea	crea
creamos	creamos
creed	creáis
crean	crean

infinitivo compuesto	participio
haber creído	creído

gerundio simple	gerundio compuesto
creyendo	habiendo creído

15 dar (geben)

presente	perfecto
doy	he dado
das	has dado
da	ha dado
damos	hemos dado
dais	habéis dado
dan	han dado

imperfecto	pluscuamperfecto
daba	había dado
dabas	habías dado
daba	había dado
dábamos	habíamos dado
dabais	habíais dado
daban	habían dado

indefinido	pretérito anterior
di	hube dado
diste	hubiste dado
dio	hubo dado
dimos	hubimos dado
disteis	hubisteis dado
dieron	hubieron dado

futuro simple	futuro perfecto
daré	habré dado
darás	habrás dado
dará	habrá dado
daremos	habremos dado
daréis	habréis dado
darán	habrán dado

condicional simple	condicional perfecto
daría	habría dado
darías	habrías dado
daría	habría dado
daríamos	habríamos dado
daríais	habríais dado
darían	habrían dado

subjuntivo presente	subjuntivo perfecto
dé	haya dado
des	hayas dado
dé	haya dado
demos	hayamos dado
deis	hayáis dado
den	hayan dado

subjuntivo imperfecto	subjuntivo pluscuamperfecto
diera/diese	hubiera dado
dieras/dieses	hubieras dado
diera/diese	hubiera dado
diéramos/diésemos	hubiéramos dado
dierais/dieseis	hubierais dado
dieran/diesen	hubieran dado

imperativo afirmativo	imperativo negativo
da	des
dé	dé
demos	demos
dad	deis
den	den

infinitivo compuesto	participio
haber dado	dado

gerundio simple	gerundio compuesto
dando	habiendo dado

16   deber (müssen)

presente	perfecto
debo	he debido
debes	has debido
debe	ha debido
debemos	hemos debido
debéis	habéis debido
deben	han debido

imperfecto	pluscuamperfecto
debía	había debido
debías	habías debido
debía	había debido
debíamos	habíamos debido
debíais	habíais debido
debían	habían debido

indefinido	anterior
debí	hube debido
debiste	hubiste debido
debió	hubo debido
debimos	hubimos debido
debisteis	hubisteis debido
debieron	hubieron debido

futuro simple	futuro perfecto
deberé	habré debido
deberás	habrás debido
deberá	habrá debido
deberemos	habremos debido
deberéis	habréis debido
deberán	habrán debido

condicional simple	condicional perfecto
debería	habría debido
deberías	habrías debido
debería	habría debido
deberíamos	habríamos debido
deberíais	habríais debido
deberían	habrían debido

subjuntivo presente	subjuntivo perfecto
deba	haya debido
debas	hayas debido
deba	haya debido
debamos	hayamos debido
debáis	hayáis debido
deban	hayan debido

subjuntivo imperfecto	subjuntivo pluscuamperfecto
debiera/debiese	hubiera debido
debieras/debieses	hubieras debido
debiera/debiese	hubiera debido
debiéramos/debiésemos	hubiéramos debido
debierais/debieseis	hubierais debido
debieran/debiesen	hubieran debido

imperativo afirmativo	imperativo negativo
debe	debas
deba	deba
debamos	debamos
debed	debáis
deban	deban

infinitivo compuesto	participio
haber debido	debido

gerundio simple	gerundio compuesto
debiendo	habiendo debido

17   decir (sagen)

presente	perfecto
digo	he dicho
dices	has dicho
dice	ha dicho
decimos	hemos dicho
decís	habéis dicho
dicen	han dicho

imperfecto	pluscuamperfecto
decía	había dicho
decías	habías dicho
decía	había dicho
decíamos	habíamos dicho
decíais	habíais dicho
decían	habían dicho

indefinido	pretérito anterior
dije	hube dicho
dijiste	hubiste dicho
dijo	hubo dicho
dijimos	hubimos dicho
dijisteis	hubisteis dicho
dijeron	hubieron dicho

futuro simple	futuro perfecto
diré	habré dicho
dirás	habrás dicho
dirá	habrá dicho
diremos	habremos dicho
diréis	habréis dicho
dirán	habrán dicho

condicional simple	condicional perfecto
diría	habría dicho
dirías	habrías dicho
diría	habría dicho
diríamos	habríamos dicho
diríais	habríais dicho
dirían	habrían dicho

subjuntivo presente	subjuntivo perfecto
diga	haya dicho
digas	hayas dicho
diga	haya dicho
digamos	hayamos dicho
digáis	hayáis dicho
digan	hayan dicho

subjuntivo imperfecto	subjuntivo pluscuamperfecto
dijera/dijese	hubiera dicho
dijeras/dijeses	hubieras dicho
dijera/dijese	hubiera dicho
dijéramos/dijésemos	hubiéramos dicho
dijerais/dijeseis	hubierais dicho
dijeran/dijesen	hubieran dicho

imperativo afirmativo	imperativo negativo
di	digas
diga	diga
digamos	digamos
decid	digáis
digan	digan

infinitivo compuesto	participio
haber dicho	dicho

gerundio simple	gerundio compuesto
diciendo	habiendo dicho

18   desear (wünschen)

presente	perfecto
deseo	he deseado
deseas	has deseado
desea	ha deseado
deseamos	hemos deseado
deseáis	habéis deseado
desean	han deseado

imperfecto	pluscuamperfecto
deseaba	había deseado
deseabas	habías deseado
deseaba	había deseado
deseábamos	habíamos deseado
deseabais	habíais deseado
deseaban	habían deseado

indefinido	anterior
deseé	hube deseado
deseaste	hubiste deseado
deseó	hubo deseado
deseamos	hubimos deseado
deseasteis	hubisteis deseado
desearon	hubieron deseado

futuro simple	futuro perfecto
desearé	habré deseado
desearás	habrás deseado
deseará	habrá deseado
desearemos	habremos deseado
desearéis	habréis deseado
desearán	habrán deseado

condicional simple	condicional perfecto
desearía	habría deseado
desearías	habrías deseado
desearía	habría deseado
desearíamos	habríamos deseado
desearíais	habríais deseado
desearían	habrían deseado

subjuntivo presente	subjuntivo perfecto
desee	haya deseado
desees	hayas deseado
desee	haya deseado
deseemos	hayamos deseado
deseéis	hayáis deseado
deseen	hayan deseado

subjuntivo imperfecto	subjuntivo pluscuamperfecto
deseara/desease	hubiera deseado
desearas/deseases	hubieras deseado
deseara/desease	hubiera deseado
deseáramos/deseásemos	hubiéramos deseado
desearais/deseaseis	hubierais deseado
desearan/deseasen	hubieran deseado

imperativo afirmativo	imperativo negativo
desea	desees
desee	desee
deseemos	deseemos
desead	deseéis
deseen	deseen

infinitivo compuesto	participio
haber deseado	deseado

gerundio simple	gerundio compuesto
deseando	habiendo deseado

19 despertarse (aufwachen)

presente	perfecto
me despierto	me he despertado
te despiertas	te has despertado
se despierta	se ha despertado
nos despertamos	non hemos despertado
os despertáis	os habéis despertado
se despiertan	se han despertado

imperfecto	pluscuamperfecto
me despertaba	me había despertado
te despertabas	te habías despertado
se despertaba	se había despertado
non despertábamos	non habíamos despertado
os despertabais	os habíais despertado
se despertaban	se habían despertado

indefinido	anterior
me desperté	me hube despertado
te despertaste	te hubiste despertado
se despertó	se hubo despertado
non despertamos	non hubimos despertado
os despertasteis	os hubisteis despertado
se despertaron	se hubieron despertado

futuro simple	futuro perfecto
me despertaré	me habré despertado
te despertarás	te habrás despertado
se despertará	se habrá despertado
non despertaremos	non habremos despertado
os despertaréis	os habréis despertado
se despertarán	se habrán despertado

condicional simple	condicional perfecto
me despertaría	me habría despertado
te despertarías	te habrías despertado
se despertaría	se habría despertado
non despertaríamos	non habríamos despertado
os despertaríais	os habríais despertado
se despertarían	se habrían despertado

subjuntivo presente	subjuntivo perfecto
me despierte	me haya despertado
te despiertes	te hayas despertado
se despierte	se haya despertado
non despertemos	non hayamos despertado
os despertéis	os hayáis despertado
se despierten	se hayan despertado

subjuntivo imperfecto	subjuntivo pluscuamperfecto
me despertara/despertase	me hubiera despertado
te despertaras/despertases	te hubieras despertado
se despertara/despertase	se hubiera despertado
nos despertáramos/despertásemos	non hubiéramos despertado
os despertarais/despertaseis	os hubierais despertado
se despertaran/despertasen	se hubieran despertado

imperativo afirmativo	imperativo negativo
despiértate	no te despiertes
despiértese	no se despierte
despertémonos	no nos despertemos
despertaos	no os despertéis
despiértense	no se despierten

infinitivo compuesto	participio
haberse despertado	despertado

gerundio simple	gerundio compuesto
despertándose	habiéndose despertado

20 dormir (schlafen)

presente	perfecto
duermo	he dormido
duermes	has dormido
duerme	ha dormido
dormimos	hemos dormido
dormís	habéis dormido
duermen	han dormido

imperfecto	pluscuamperfecto
dormía	había dormido
dormías	habías dormido
dormía	había dormido
dormíamos	habíamos dormido
dormíais	habíais dormido
dormían	habían dormido

indefinido	pretérito anterior
dormí	hube dormido
dormiste	hubiste dormido
durmió	hubo dormido
dormimos	hubimos dormido
dormisteis	hubisteis dormido
durmieron	hubieron dormido

futuro simple	futuro perfecto
dormiré	habré dormido
dormirás	habrás dormido
dormirá	habrá dormido
dormiremos	habremos dormido
dormiréis	habréis dormido
dormirán	habrán dormido

condicional simple	condicional perfecto
dormiría	habría dormido
dormirías	habrías dormido
dormiría	habría dormido
dormiríamos	habríamos dormido
dormiríais	habríais dormido
dormirían	habrían dormido

subjuntivo presente	subjuntivo perfecto
duerma	haya dormido
duermas	hayas dormido
duerma	haya dormido
durmamos	hayamos dormido
durmáis	hayáis dormido
duerman	hayan dormido

subjuntivo imperfecto	subjuntivo pluscuamperfecto
durmiera/durmiese	hubiera dormido
durmieras/durmieses	hubieras dormido
durmiera/durmiese	hubiera dormido
durmiéramos/durmiésemos	hubiéramos dormido
durmierais/durmieseis	hubierais dormido
durmieran/durmiesen	hubieran dormido

imperativo afirmativo	imperativo negativo
duerme	duermas
duerma	duerma
durmamos	durmamos
dormid	durmáis
duerman	duerman

infinitivo compuesto	participio
haber dormido	dormido

gerundio simple	gerundio compuesto
durmiendo	habiendo dormido

21   encontrarse (sich treffen)

presente	perfecto
me encuentro	me he encontrado
te encuentras	te has encontrado
se encuenta	se ha encontrado
nos encontramos	non hemos encontrado
os encontráis	os habéis encontrado
se encuentran	se han encontrado

imperfecto	pluscuamperfecto
me encontraba	me había encontrado
te encontrabas	te habías encontrado
se encontraba	se había encontrado
nos encontrábamos	non habíamos encontrado
os encontrabais	os habíais encontrado
se encontraban	se habían encontrado

indefinido	anterior
me encontré	me hube encontrado
te encontraste	te hubiste encontrado
se encontró	se hubo encontrado
non encontramos	non hubimos encontrado
os encontrasteis	os hubisteis encontrado
se encontraron	se hubieron encontrado

futuro simple	futuro perfecto
me encontraré	me habré encontrado
te encontrarás	te habrás encontrado
se encontrará	se habrá encontrado
nos encontraremos	non habremos encontrado
os encontraréis	os habréis encontrado
se encontrarán	se habrán encontrado

condicional simple	condicional perfecto
me encontraría	me habría encontrado
te encontrarías	te habrías encontrado
se encontraría	se habría encontrado
nos encontráremos	non habríamos encontrado
os encontrareis	os habríais encontrado
se encontraren	se habrían encontrado

subjuntivo presente	subjuntivo perfecto
me encuentre	me haya encontrado
te encuentres	te hayas encontrado
se encuentre	se haya encontrado
nos encontremos	non hayamos encontrado
os encontréis	os hayáis encontrado
se encuentren	se hayan encontrado

subjuntivo imperfecto	subjuntivo pluscuamperfecto
me encontrara/encontrase	me hubiera encontrado
te encontraras/encontrases	te hubieras encontrado
se encontrara/encontrase	se hubiera encontrado
nos encontráremos/encontrásemos	non hubiéramos encontrado
os encontrarais/encontraseis	os hubierais encontrado
se encontraran/encontrasen	se hubieran encontrado

imperativo afirmativo	imperativo negativo
encuéntrate	no te encuentres
encuéntrese	no se encuentre
encontrémonos	no nos encontremos
encontraos	no os encontréis
encuéntrense	no se encuentren

infinitivo compuesto	participio
haberse encontrado	encontrado

gerundio simple	gerundio compuesto
encontrándose	habiéndose encontrado

22 escribir (schreiben)

presente	perfecto
escribo	he escrito
escribes	has escrito
escribe	ha escrito
escribimos	hemos escrito
escribís	habéis escrito
escriben	han escrito

imperfecto	pluscuamperfecto
escribía	había escrito
escribías	habías escrito
escribía	había escrito
escribíamos	habíamos escrito
escribíais	habíais escrito
escribían	habían escrito

indefinido	anterior
escribí	hube escrito
escribiste	hubiste escrito
escribió	hubo escrito
escribimos	hubimos escrito
escribisteis	hubisteis escrito
escribieron	hubieron escrito

futuro simple	futuro perfecto
escribiré	habré escrito
escribirás	habrás escrito
escribirá	habrá escrito
escribiremos	habremos escrito
escribiréis	habréis escrito
escribirán	habrán escrito

condicional simple	condicional perfecto
escribiría	habría escrito
escribirías	habrías escrito
escribiría	habría escrito
escribiríamos	habríamos escrito
escribiríais	habríais escrito
escribirían	habrían escrito

subjuntivo presente	subjuntivo perfecto
escriba	haya escrito
escribas	hayas escrito
escriba	haya escrito
escribamos	hayamos escrito
escribáis	hayáis escrito
escriban	hayan escrito

subjuntivo imperfecto	subjuntivo pluscuamperfecto
escribiera/escribiese	hubiera escrito
escribieras/escribieses	hubieras escrito
escribiera/escribiese	hubiera escrito
escribiéramos/escribiésemos	hubiéramos escrito
escribierais/escribieseis	hubierais escrito
escribieran/escribiesen	hubieran escrito

imperativo afirmativo	imperativo negativo
escribe	escribas
escriba	escriba
escribamos	escribamos
escribid	escribáis
escriban	escriban

infinitivo compuesto	participio
haber escrito	escrito

gerundio simple	gerundio compuesto
escribiendo	habiendo escrito

23 escuchar (zuhören, anhören)

presente	perfecto
escucho	he escuchado
escuchas	has escuchado
escucha	ha escuchado
escuchamos	hemos escuchado
escucháis	habéis escuchado
escuchan	han escuchado

imperfecto	pluscuamperfecto
escuchaba	había escuchado
escuchabas	habías escuchado
escuchaba	había escuchado
escuchábamos	habíamos escuchado
escuchabais	habíais escuchado
escuchaban	habían escuchado

indefinido	anterior
escuché	hube escuchado
escuchaste	hubiste escuchado
escuchó	hubo escuchado
escuchamos	hubimos escuchado
escuchasteis	hubisteis escuchado
escucharon	hubieron escuchado

futuro simple	futuro perfecto
escucharé	habré escuchado
escucharás	habrás escuchado
escuchará	habrá escuchado
escucharemos	habremos escuchado
escucharéis	habréis escuchado
escucharán	habrán escuchado

condicional simple	condicional perfecto
escucharía	habría escuchado
escucharías	habrías escuchado
escucharía	habría escuchado
escucharíamos	habríamos escuchado
escucharíais	habríais escuchado
escucharían	habrían escuchado

subjuntivo presente	subjuntivo perfecto
escuche	haya escuchado
escuches	hayas escuchado
escuche	haya escuchado
escuchemos	hayamos escuchado
escuchéis	hayáis escuchado
escuchen	hayan escuchado

subjuntivo imperfecto	subjuntivo pluscuamperfecto
escuchara/escuchase	hubiera escuchado
escucharas/escuchases	hubieras escuchado
escuchara/escuchase	hubiera escuchado
escucháramos/escuchásemos	hubiéramos escuchado
escucharais/escuchaseis	hubierais escuchado
escucharan/escuchasen	hubieran escuchado

imperativo afirmativo	imperativo negativo
escucha	escuches
escuche	escuche
escuchemos	escuchemos
escuchad	escuchéis
escuchen	escuchen

infinitivo compuesto	participio
haber escuchado	escuchado

gerundio simple	gerundio compuesto
escuchando	habiendo escuchado

24   estar (sein, sich befinden)

presente	perfecto
estoy	he estado
estás	has estado
está	ha estado
estamos	hemos estado
estáis	habéis estado
están	han estado

imperfecto	pluscuamperfecto
estaba	había estado
estabas	habías estado
estaba	había estado
estábamos	habíamos estado
estabais	habíais estado
estaban	habían estado

indefinido	pretérito anterior
estuve	hube estado
estuviste	hubiste estado
estuvo	hubo estado
estuvimos	hubimos estado
estuvisteis	hubisteis estado
estuvieron	hubieron estado

futuro simple	futuro perfecto
estaré	habré estado
estarás	habrás estado
estará	habrá estado
estaremos	habremos estado
estaréis	habréis estado
estarán	habrán estado

condicional simple	condicional perfecto
estaría	habría estado
estarías	habrías estado
estaría	habría estado
estaríamos	habríamos estado
estaríais	habríais estado
estarían	habrían estado

subjuntivo presente	subjuntivo perfecto
esté	haya estado
estés	hayas estado
esté	haya estado
estemos	hayamos estado
estéis	hayáis estado
estén	hayan estado

subjuntivo imperfecto	subjuntivo pluscuamperfecto
estuviera/estuviese	hubiera estado
estuvieras/estuvieses	hubieras estado
estuviera/estuviese	hubiera estado
estuviéramos/estuviésemos	hubiéramos estado
estuvierais/estuvieseis	hubierais estado
estuvieran/estuviesen	hubieran estado

imperativo afirmativo	imperativo negativo
está	estés
esté	esté
estemos	estemos
estad	estéis
estén	estén

infinitivo compuesto	participio
haber estado	estado

gerundio simple	gerundio compuesto
estando	habiendo estando

25   estudiar (lernen, studieren)

presente	perfecto
estudio	he estudiado
estudias	has estudiado
estudia	ha estudiado
estudiamos	hemos estudiado
estudiáis	habéis estudiado
estudian	han estudiado

imperfecto	pluscuamperfecto
estudiaba	había estudiado
estudiabas	habías estudiado
estudiaba	había estudiado
estudiábamos	habíamos estudiado
estudiabais	habíais estudiado
estudiaban	habían estudiado

indefinido	anterior
estudié	hube estudiado
estudiaste	hubiste estudiado
estudió	hubo estudiado
estudiamos	hubimos estudiado
estudiasteis	hubisteis estudiado
estudiaron	hubieron estudiado

futuro simple	futuro perfecto
estudiaré	habré estudiado
estudiarás	habrás estudiado
estudiará	habrá estudiado
estudiaremos	habremos estudiado
estudiaréis	habréis estudiado
estudiarán	habrán estudiado

condicional simple	condicional perfecto
estudiaría	habría estudiado
estudiarías	habrías estudiado
estudiaría	habría estudiado
estudiaríamos	habríamos estudiado
estudiaríais	habríais estudiado
estudiarían	habrían estudiado

subjuntivo presente	subjuntivo perfecto
estudie	haya estudiado
estudies	hayas estudiado
estudie	haya estudiado
estudiemos	hayamos estudiado
estudiéis	hayáis estudiado
estudien	hayan estudiado

subjuntivo imperfecto	subjuntivo pluscuamperfecto
estudiara/estudiase	hubiera estudiado
estudiaras/estudiases	hubieras estudiado
estudiara/estudiase	hubiera estudiado
estudiáramos/estudiásemos	hubiéramos estudiado
estudiarais/estudiaseis	hubierais estudiado
estudiaran/estudiasen	hubieran estudiado

imperativo afirmativo	imperativo negativo
estudia	estudies
estudie	estudie
estudiemos	estudiemos
estudiad	estudiéis
estudien	estudien

infinitivo compuesto	participio
haber estudiado	estudiado

gerundio simple	gerundio compuesto
estudiando	habiendo estudiado

26 habitar (wohnen)

presente	perfecto
habito	he habitado
habitas	has habitado
habita	ha habitado
habitamos	hemos habitado
habitáis	habéis habitado
habitan	han habitado

imperfecto	pluscuamperfecto
habitaba	había habitado
habitabas	habías habitado
habitaba	había habitado
habitábamos	habíamos habitado
habitabais	habíais habitado
habitaban	habían habitado

indefinido	anterior
habité	hube habitado
habitaste	hubiste habitado
habitó	hubo habitado
habitamos	hubimos habitado
habitasteis	hubisteis habitado
habitaron	hubieron habitado

futuro simple	futuro perfecto
habitaré	habré habitado
habitarás	habrás habitado
habitará	habrá habitado
habitaremos	habremos habitado
habitaréis	habréis habitado
habitarán	habrán habitado

condicional simple	condicional perfecto
habitaría	habría habitado
habitarías	habrías habitado
habitaría	habría habitado
habitaríamos	habríamos habitado
habitaríais	habríais habitado
habitarían	habrían habitado

subjuntivo presente	subjuntivo perfecto
habite	haya habitado
habites	hayas habitado
habite	haya habitado
habitemos	hayamos habitado
habitéis	hayáis habitado
habiten	hayan habitado

subjuntivo imperfecto	subjuntivo pluscuamperfecto
habitara/habitase	hubiera habitado
habitaras/habitases	hubieras habitado
habitara/habitase	hubiera habitado
habitáramos/habitásemos	hubiéramos habitado
habitarais/habitaseis	hubierais habitado
habitaran/habitasen	hubieran habitado

imperativo afirmativo	imperativo negativo
habita	no habites
habite	no habite
habitemos	no habitemos
habitad	no habitéis
habiten	no habiten

infinitivo compuesto	participio
haber habitado	habitado

gerundio simple	gerundio compuesto
habitando	habiendo habitado

27 hablar (sprechen)

presente	perfecto
hablo	he hablado
hablas	has hablado
habla	ha hablado
hablamos	hemos hablado
habláis	habéis hablado
hablan	han hablado

imperfecto	pluscuamperfecto
hablaba	había hablado
hablabas	habías hablado
hablaba	había hablado
hablábamos	habíamos hablado
hablabais	habíais hablado
hablaban	habían hablado

indefinido	anterior
hablé	hube hablado
hablaste	hubiste hablado
habló	hubo hablado
hablamos	hubimos hablado
hablasteis	hubisteis hablado
hablaron	hubieron hablado

futuro simple	futuro perfecto
hablaré	habré hablado
hablarás	habrás hablado
hablará	habrá hablado
hablaremos	habremos hablado
hablaréis	habréis hablado
hablarán	habrán hablado

condicional simple	condicional perfecto
hablaría	habría hablado
hablarías	habrías hablado
hablaría	habría hablado
hablaríamos	habríamos hablado
hablaríais	habríais hablado
hablarían	habrían hablado

subjuntivo presente	subjuntivo perfecto
hable	haya hablado
hables	hayas hablado
hable	haya hablado
hablemos	hayamos hablado
habléis	hayáis hablado
hablen	hayan hablado

subjuntivo imperfecto	subjuntivo pluscuamperfecto
hablara/hablase	hubiera hablado
hablaras/hablases	hubieras hablado
hablara/hablase	hubiera hablado
habláramos/hablásemos	hubiéramos hablado
hablarais/hablaseis	hubierais hablado
hablaran/hablasen	hubieran hablado

imperativo afirmativo	imperativo negativo
habla	hables
hable	hable
hablemos	hablemos
hablad	habléis
hablen	hablen

infinitivo compuesto	participio
haber hablado	hablado

gerundio simple	gerundio compuesto
hablando	habiendo hablado

28   hacer (machen)

presente	perfecto
hago	he hecho
haces	has hecho
hace	ha hecho
hacemos	hemos hecho
hacéis	habéis hecho
hacen	han hecho

imperfecto	pluscuamperfecto
hacía	había hecho
hacías	habías hecho
hacía	había hecho
hacíamos	habíamos hecho
hacíais	habíais hecho
hacían	habían hecho

indefinido	pretérito anterior
hice	hube hecho
hiciste	hubiste hecho
hizo	hubo hecho
hicimos	hubimos hecho
hicisteis	hubisteis hecho
hicieron	hubieron hecho

futuro simple	futuro perfecto
haré	habré hecho
harás	habrás hecho
hará	habrá hecho
haremos	habremos hecho
haréis	habréis hecho
harán	habrán hecho

condicional simple	condicional perfecto
haría	habría hecho
harías	habrías hecho
haría	habría hecho
haríamos	habríamos hecho
haríais	habríais hecho
harían	habrían hecho

subjuntivo presente	subjuntivo perfecto
haga	haya hecho
hagas	hayas hecho
haga	haya hecho
hagamos	hayamos hecho
hagáis	hayáis hecho
hagan	hayan hecho

subjuntivo imperfecto	subjuntivo pluscuamperfecto
hiciera/hiciese	hubiera hecho
hicieras/hicieses	hubieras hecho
hiciera/hiciese	hubiera hecho
hiciéramos/hiciésemos	hubiéramos hecho
hicierais/hicieseis	hubierais hecho
hicieran/hiciesen	hubieran hecho

imperativo afirmativo	imperativo negativo
haz	hagas
haga	haga
hagamos	hagamos
haced	hagáis
hagan	hagan

infinitivo compuesto	participio
haber hecho	hecho

gerundio simple	gerundio compuesto
haciendo	habiendo hecho

29 ir (gehen, fahren)

presente	perfecto
voy	he ido
vas	has ido
va	ha ido
vamos	hemos ido
vais	habéis ido
van	han ido

imperfecto	pluscuamperfecto
iba	había ido
ibas	habías ido
iba	había ido
íbamos	habíamos ido
ibais	habíais ido
iban	habían ido

indefinido	pretérito anterior
fui	hube ido
fuiste	hubiste ido
fue	hubo ido
fuimos	hubimos ido
fuisteis	hubisteis ido
fueron	hubieron ido

futuro simple	futuro perfecto
iré	habré ido
irás	habrás ido
irá	habrá ido
iremos	habremos ido
iréis	habréis ido
irán	habrán ido

condicional simple	condicional perfecto
iría	habría ido
irías	habrías ido
iría	habría ido
iríamos	habríamos ido
iríais	habríais ido
irían	habrían ido

subjuntivo presente	subjuntivo perfecto
vaya	haya ido
vayas	hayas ido
vaya	haya ido
vayamos	hayamos ido
vayáis	hayáis ido
vayan	hayan ido

subjuntivo imperfecto	subjuntivo pluscuamperfecto
fuera/fuese	hubiera ido
fueras/fueses	hubieras ido
fuera/fuese	hubiera ido
fuéramos/fuésemos	hubiéramos ido
fuerais/fueseis	hubierais ido
fueran/fuesen	hubieran ido

imperativo afirmativo	imperativo negativo
ve	vayas
vaya	vaya
vayamos	vayamos
id	vayáis
vayan	vayan

infinitivo compuesto	participio
haber ido	ido

gerundio simple	gerundio compuesto
yendo	habiendo ido

30 lavar (waschen)

presente	perfecto
lavo	he lavado
lavas	has lavado
lava	ha lavado
lavamos	hemos lavado
laváis	habéis lavado
lavan	han lavado

imperfecto	pluscuamperfecto
lavaba	había lavado
lavabas	habías lavado
lavaba	había lavado
lavábamos	habíamos lavado
lavabais	habíais lavado
lavaban	habían lavado

indefinido	anterior
lavé	hube lavado
lavaste	hubiste lavado
lavó	hubo lavado
lavamos	hubimos lavado
lavasteis	hubisteis lavado
lavaron	hubieron lavado

futuro simple	futuro perfecto
lavaré	habré lavado
lavarás	habrás lavado
lavará	habrá lavado
lavaremos	habremos lavado
lavaréis	habréis lavado
lavarán	habrán lavado

condicional simple	condicional perfecto
lavaría	habría lavado
lavarías	habrías lavado
lavaría	habría lavado
lavaríamos	habríamos lavado
lavaríais	habríais lavado
lavarían	habrían lavado

subjuntivo presente	subjuntivo perfecto
lave	haya lavado
laves	hayas lavado
lave	haya lavado
lavemos	hayamos lavado
lavéis	hayáis lavado
laven	hayan lavado

subjuntivo imperfecto	subjuntivo pluscuamperfecto
lavara/lavase	hubiera lavado
lavaras/lavases	hubieras lavado
lavara/lavase	hubiera lavado
laváramos/lavásemos	hubiéramos lavado
lavarais/lavaseis	hubierais lavado
lavaran/lavasen	hubieran lavado

imperativo afirmativo	imperativo negativo
lava	laves
lave	lave
lavemos	lavemos
lavad	lavéis
laven	laven

infinitivo compuesto	participio
haber lavado	lavado

gerundio simple	gerundio compuesto
lavando	habiendo lavado

31	leer (lesen)

presente	perfecto
leo	he leído
lees	has leído
lee	ha leído
leemos	hemos leído
leéis	habéis leído
leen	han leído

imperfecto	pluscuamperfecto
leía	había leído
leías	habías leído
leía	había leído
leíamos	habíamos leído
leíais	habíais leído
leían	habían leído

indefinido	anterior
leí	hube leído
leíste	hubiste leído
leyó	hubo leído
leímos	hubimos leído
leísteis	hubisteis leído
leyeron	hubieron leído

futuro simple	futuro perfecto
leeré	habré leído
leerás	habrás leído
leerá	habrá leído
leeremos	habremos leído
leeréis	habréis leído
leerán	habrán leído

condicional simple	condicional perfecto
leería	habría leído
leerías	habrías leído
leería	habría leído
leeríamos	habríamos leído
leeríais	habríais leído
leerían	habrían leído

subjuntivo presente	subjuntivo perfecto
lea	haya leído
leas	hayas leído
lea	haya leído
leamos	hayamos leído
leáis	hayáis leído
lean	hayan leído

subjuntivo imperfecto	subjuntivo pluscuamperfecto
leyera/leyese	hubiera leído
leyeras/leyeses	hubieras leído
leyera/leyese	hubiera leído
leyéramos/leyésemos	hubiéramos leído
leyerais/leyeseis	hubierais leído
leyeran/leyesen	hubieran leído

imperativo afirmativo	imperativo negativo
lee	leas
lea	lea
leamos	leamos
leed	leáis
lean	lean

infinitivo compuesto	participio
haber leído	leído

gerundio simple	gerundio compuesto
leyendo	habiendo leído

32 levantarse (aufstehen)

presente	perfecto
me levanto	me he levantado
te levantas	te has levantado
se levanta	se ha levantado
nos levantamos	non hemos levantado
os levantáis	os habéis levantado
se levantan	se han levantado

imperfecto	pluscuamperfecto
me levantaba	me había levantado
te levantabas	te habías levantado
se levantaba	se había levantado
nos levantábamos	non habíamos levantado
os levantabais	os habíais levantado
se levantaban	se habían levantado

indefinido	anterior
me levanté	me hube levantado
te levantaste	te hubiste levantado
se levantó	se hubo levantado
nos levantamos	non hubimos levantado
os levantasteis	os hubisteis levantado
se levantaron	se hubieron levantado

futuro simple	futuro perfecto
me levantaré	me habré levantado
te levantarás	te habrás levantado
se levantará	se habrá levantado
nos levantaremos	non habremos levantado
os levantaréis	os habréis levantado
se levantarán	se habrán levantado

condicional simple	condicional perfecto
me levantaría	me habría levantado
te levantarías	te habrías levantado
se levantaría	se habría levantado
nos levantaríamos	non habríamos levantado
os levantaríais	os habríais levantado
se levantarían	se habrían levantado

subjuntivo presente	subjuntivo perfecto
me levante	me haya levantado
te levantes	te hayas levantado
se levante	se haya levantado
nos levantemos	non hayamos levantado
os levantéis	os hayáis levantado
se levanten	se hayan levantado

subjuntivo imperfecto	subjuntivo pluscuamperfecto
me levantara/levantase	me hubiera levantado
te levantaras/levantases	te hubieras levantado
se levantara/levantase	se hubiera levantado
nos levantáramos/levantásemos	non hubiéramos levantado
os levantarais/levantaseis	os hubierais levantado
se levantaran/levantasen	se hubieran levantado

imperativo afirmativo	imperativo negativo
levántate	no te levantes
levántese	no se levante
levantémonos	no nos levantemos
levantaos	no os levantéis
levántense	no se levanten

infinitivo compuesto	participio
haberse levantado	levantado

gerundio simple	gerundio compuesto
levantándose	habiéndose levantado

33   llamarse (heißen)

presente	perfecto
me llamo	me he llamado
te llamas	te has llamado
se llama	se ha llamado
nos llamamos	non hemos llamado
os llamáis	os habéis llamado
se llaman	se han llamado

imperfecto	pluscuamperfecto
me llamaba	me había llamado
te llamabas	te habías llamado
se llamaba	se había llamado
nos llamábamos	non habíamos llamado
os llamabais	os habíais llamado
se llamaban	se habían llamado

indefinido	anterior
me llamé	me hube llamado
te llamaste	te hubiste llamado
se llamó	se hubo llamado
nos llamamos	non hubimos llamado
os llamasteis	os hubisteis llamado
se llamaron	se hubieron llamado

futuro simple	futuro perfecto
me llamaré	me habré llamado
te llamarás	te habrás llamado
se llamará	se habrá llamado
nos llamaremos	non habremos llamado
os llamaréis	os habréis llamado
se llamarán	se habrán llamado

condicional simple	condicional perfecto
me llamaría	me habría llamado
te llamarías	te habrías llamado
se llamaría	se habría llamado
nos llamaríamos	non habríamos llamado
os llamaríais	os habríais llamado
se llamarían	se habrían llamado

subjuntivo presente	subjuntivo perfecto
me llame	me haya llamado
te llames	te hayas llamado
se llame	se haya llamado
nos llamemos	non hayamos llamado
os llaméis	os hayáis llamado
se llamen	se hayan llamado

subjuntivo imperfecto	subjuntivo pluscuamperfecto
me llamara/llamase	me hubiera llamado
te llamaras/llamases	te hubieras llamado
se llamara/llamase	se hubiera llamado
nos llamáramos/llamásemos	non hubiéramos llamado
os llamarais/llamaseis	os hubierais llamado
se llamaran/llamasen	se hubieran llamado

imperativo afirmativo	imperativo negativo
llámate	no te llames
llámese	no se llame
llamémonos	no nos llamemos
llamaos	no os llaméis
llámense	no se llamen

infinitivo compuesto	participio
haberse llamado	llamado

gerundio simple	gerundio compuesto
llamándose	habiéndose llamado

34 llegar (ankommen)

presente	perfecto
llego	he llegado
llegas	has llegado
llega	ha llegado
llegamos	hemos llegado
llegáis	habéis llegado
llegan	han llegado

imperfecto	pluscuamperfecto
llegaba	había llegado
llegabas	habías llegado
llegaba	había llegado
llegábamos	habíamos llegado
llegabais	habíais llegado
llegaban	habían llegado

indefinido	pretérito anterior
llegué	hube llegado
llegaste	hubiste llegado
llegó	hubo llegado
llegamos	hubimos llegado
llegasteis	hubisteis llegado
llegaron	hubieron llegado

futuro simple	futuro perfecto
llegaré	habré llegado
llegarás	habrás llegado
llegará	habrá llegado
llegaremos	habremos llegado
llegaréis	habréis llegado
llegarán	habrán llegado

condicional simple	condicional perfecto
llegaría	habría llegado
llegarías	habrías llegado
llegaría	habría llegado
llegaríamos	habríamos llegado
llegaríais	habríais llegado
llegarían	habrían llegado

subjuntivo presente	subjuntivo perfecto
llegue	haya llegado
llegues	hayas llegado
llegue	haya llegado
lleguemos	hayamos llegado
lleguéis	hayáis llegado
lleguen	hayan llegado

subjuntivo imperfecto	subjuntivo pluscuamperfecto
llegara/llegase	hubiera llegado
llegaras/llegases	hubieras llegado
llegara/llegase	hubiera llegado
llegáramos/llegásemos	hubiéramos llegado
llegarais/llegaseis	hubierais llegado
llegaran/llegasen	hubieran llegado

imperativo afirmativo	imperativo negativo
llega	llegues
llegue	llegue
lleguemos	lleguemos
llegad	lleguéis
lleguen	lleguen

infinitivo compuesto	participio
haber llegado	llegado

gerundio simple	gerundio compuesto
llegando	habiendo llegado

35   llevar (tragen)

presente	perfecto
llevo	he llevado
llevas	has llevado
lleva	ha llevado
llevamos	hemos llevado
lleváis	habéis llevado
llevan	han llevado

imperfecto	pluscuamperfecto
llevaba	había llevado
llevabas	habías llevado
llevaba	había llevado
llevábamos	habíamos llevado
llevabais	habíais llevado
llevaban	habían llevado

indefinido	anterior
llevé	hube llevado
llevaste	hubiste llevado
llevó	hubo llevado
llevamos	hubimos llevado
llevasteis	hubisteis llevado
llevaron	hubieron llevado

futuro simple	futuro perfecto
llevaré	habré llevado
llevarás	habrás llevado
llevará	habrá llevado
llevaremos	habremos llevado
llevaréis	habréis llevado
llevarán	habrán llevado

condicional simple	condicional perfecto
llevaría	habría llevado
llevarías	habrías llevado
llevaría	habría llevado
llevaríamos	habríamos llevado
llevaríais	habríais llevado
llevarían	habrían llevado

subjuntivo presente	subjuntivo perfecto
lleve	haya llevado
lleves	hayas llevado
lleve	haya llevado
llevemos	hayamos llevado
llevéis	hayáis llevado
lleven	hayan llevado

subjuntivo imperfecto	subjuntivo pluscuamperfecto
llevara/llevase	hubiera llevado
llevaras/llevases	hubieras llevado
llevara/llevase	hubiera llevado
lleváramos/llevásemos	hubiéramos llevado
llevarais/llevaseis	hubierais llevado
llevaran/llevasen	hubieran llevado

imperativo afirmativo	imperativo negativo
lleva	lleves
lleve	lleve
llevemos	llevemos
llevad	llevéis
lleven	lleven

infinitivo compuesto	participio
haber llevado	llevado

gerundio simple	gerundio compuesto
llevando	habiendo llevado

36 mirar (anschauen)

presente	perfecto
miro	he mirado
miras	has mirado
mira	ha mirado
miramos	hemos mirado
miráis	habéis mirado
miran	han mirado

imperfecto	pluscuamperfecto
miraba	había mirado
mirabas	habías mirado
miraba	había mirado
mirábamos	habíamos mirado
mirabais	habíais mirado
miraban	habían mirado

indefinido	anterior
miré	hube mirado
miraste	hubiste mirado
miró	hubo mirado
miramos	hubimos mirado
mirasteis	hubisteis mirado
miraron	hubieron mirado

futuro simple	futuro perfecto
miraré	habré mirado
mirarás	habrás mirado
mirará	habrá mirado
miraremos	habremos mirado
miraréis	habréis mirado
mirarán	habrán mirado

condicional simple	condicional perfecto
miraría	habría mirado
mirarías	habrías mirado
miraría	habría mirado
miraríamos	habríamos mirado
miraríais	habríais mirado
mirarían	habrían mirado

subjuntivo presente	subjuntivo perfecto
mire	haya mirado
mires	hayas mirado
mire	haya mirado
miremos	hayamos mirado
miréis	hayáis mirado
miren	hayan mirado

subjuntivo imperfecto	subjuntivo pluscuamperfecto
mirara/mirase	hubiera mirado
miraras/mirases	hubieras mirado
mirara/mirase	hubiera mirado
miráramos/mirásemos	hubiéramos mirado
mirarais/miraseis	hubierais mirado
miraran/mirasen	hubieran mirado

imperativo afirmativo	imperativo negativo
mira	mires
mire	mire
miremos	miremos
mirad	miréis
miren	miren

infinitivo compuesto	participio
haber mirado	mirado

gerundio simple	gerundio compuesto
mirando	habiendo mirado

37 ofrecer (anbieten)

presente	perfecto
ofrezco	he ofrecido
ofreces	has ofrecido
ofrece	ha ofrecido
ofrecemos	hemos ofrecido
ofrecéis	habéis ofrecido
ofrecen	han ofrecido

imperfecto	pluscuamperfecto
ofrecía	había ofrecido
ofrecías	habías ofrecido
ofrecía	había ofrecido
ofrecíamos	habíamos ofrecido
ofrecíais	habíais ofrecido
ofrecían	habían ofrecido

indefinido	anterior
ofrecí	hube ofrecido
ofreciste	hubiste ofrecido
ofreció	hubo ofrecido
ofrecimos	hubimos ofrecido
ofrecisteis	hubisteis ofrecido
ofrecieron	hubieron ofrecido

futuro simple	futuro perfecto
ofreceré	habré ofrecido
ofrecerás	habrás ofrecido
ofrecerá	habrá ofrecido
ofreceremos	habremos ofrecido
ofreceréis	habréis ofrecido
ofrecerán	habrán ofrecido

condicional simple	condicional perfecto
ofrecería	habría ofrecido
ofrecerías	habrías ofrecido
ofrecería	habría ofrecido
ofreceríamos	habríamos ofrecido
ofreceríais	habríais ofrecido
ofrecerían	habrían ofrecido

subjuntivo presente	subjuntivo perfecto
ofrezca	haya ofrecido
ofrezcas	hayas ofrecido
ofrezca	haya ofrecido
ofrezcamos	hayamos ofrecido
ofrezcáis	hayáis ofrecido
ofrezcan	hayan ofrecido

subjuntivo imperfecto	subjuntivo pluscuamperfecto
ofreciera/ofreciese	hubiera ofrecido
ofrecieras/ofrecieses	hubieras ofrecido
ofreciera/ofreciese	hubiera ofrecido
ofreciéramos/ofreciésemos	hubiéramos ofrecido
ofrecierais/ofrecieseis	hubierais ofrecido
ofrecieran/ofreciesen	hubieran ofrecido

imperativo afirmativo	imperativo negativo
ofrece	ofrezcas
ofrezca	ofrezca
ofrezcamos	ofrezcamos
ofreced	ofrezcáis
ofrezcan	ofrezcan

infinitivo compuesto	participio
haber ofrecido	ofrecido

gerundio simple	gerundio compuesto
ofreciendo	habiendo ofrecido

38 oír (hören)

presente	perfecto
oigo	he oído
oyes	has oído
oye	ha oído
oímos	hemos oído
oís	habéis oído
oyen	han oído

imperfecto	pluscuamperfecto
oía	había oído
oías	habías oído
oía	había oído
oíamos	habíamos oído
oíais	habíais oído
oían	habían oído

indefinido	pretérito anterior
oí	hube oído
oíste	hubiste oído
oyó	hubo oído
oímos	hubimos oído
oísteis	hubisteis oído
oyeron	hubieron oído

futuro simple	futuro perfecto
oiré	habré oído
oirás	habrás oído
oirá	habrá oído
oiremos	habremos oído
oiréis	habréis oído
oirán	habrán oído

condicional simple	condicional perfecto
oiría	habría oído
oirías	habrías oído
oiría	habría oído
oiríamos	habríamos oído
oiríais	habríais oído
oirían	habrían oído

subjuntivo presente	subjuntivo perfecto
oiga	haya oído
oigas	hayas oído
oiga	haya oído
oigamos	hayamos oído
oigáis	hayáis oído
oigan	hayan oído

subjuntivo imperfecto	subjuntivo pluscuamperfecto
oyera/oyese	hubiera oído
oyeras/oyeses	hubieras oído
oyera/oyese	hubiera oído
oyéramos/oyésemos	hubiéramos oído
oyerais/oyeseis	hubierais oído
oyeran/oyesen	hubieran oído

imperativo afirmativo	imperativo negativo
oye	oigas
oiga	oiga
oigamos	oigamos
oíd	oigáis
oigan	oigan

infinitivo compuesto	participio
haber oído	oído

gerundio simple	gerundio compuesto
oyendo	habiendo oído

39   olvidar (vergessen)

presente	perfecto
olvido	he olvidado
olvidas	has olvidado
olvida	ha olvidado
olvidamos	hemos olvidado
olvidáis	habéis olvidado
olvidan	han olvidado

imperfecto	pluscuamperfecto
olvidaba	había olvidado
olvidabas	habías olvidado
olvidaba	había olvidado
olvidábamos	habíamos olvidado
olvidabais	habíais olvidado
olvidaban	habían olvidado

indefinido	anterior
olvidé	hube olvidado
olvidaste	hubiste olvidado
olvidó	hubo olvidado
olvidamos	hubimos olvidado
olvidasteis	hubisteis olvidado
olvidaron	hubieron olvidado

futuro simple	futuro perfecto
olvidaré	habré olvidado
olvidarás	habrás olvidado
olvidará	habrá olvidado
olvidaremos	habremos olvidado
olvidaréis	habréis olvidado
olvidarán	habrán olvidado

condicional simple	condicional perfecto
olvidaría	habría olvidado
olvidarías	habrías olvidado
olvidaría	habría olvidado
olvidaríamos	habríamos olvidado
olvidaríais	habríais olvidado
olvidarían	habrían olvidado

subjuntivo presente	subjuntivo perfecto
olvide	haya olvidado
olvides	hayas olvidado
olvide	haya olvidado
olvidemos	hayamos olvidado
olvidéis	hayáis olvidado
olviden	hayan olvidado

subjuntivo imperfecto	subjuntivo pluscuamperfecto
olvidara/olvidase	hubiera olvidado
olvidaras/olvidases	hubieras olvidado
olvidara/olvidase	hubiera olvidado
olvidáramos/olvidásemos	hubiéramos olvidado
olvidarais/olvidaseis	hubierais olvidado
olvidaran/olvidasen	hubieran olvidado

imperativo afirmativo	imperativo negativo
olvida	olvides
olvide	olvide
olvidemos	olvidemos
olvidad	olvidéis
olviden	olviden

infinitivo compuesto	participio
haber olvidado	olvidado

gerundio simple	gerundio compuesto
olvidando	habiendo olvidado

40   pagar (zahlen, bezahlen)

presente	perfecto
pago	he pagado
pagas	has pagado
paga	ha pagado
pagamos	hemos pagado
pagáis	habéis pagado
pagan	han pagado

imperfecto	pluscuamperfecto
pagaba	había pagado
pagabas	habías pagado
pagaba	había pagado
pagábamos	habíamos pagado
pagabais	habíais pagado
pagaban	habían pagado

indefinido	anterior
pagué	hube pagado
pagaste	hubiste pagado
pagó	hubo pagado
pagamos	hubimos pagado
pagasteis	hubisteis pagado
pagaron	hubieron pagado

futuro simple	futuro perfecto
pagaré	habré pagado
pagarás	habrás pagado
pagará	habrá pagado
pagaremos	habremos pagado
pagaréis	habréis pagado
pagarán	habrán pagado

condicional simple	condicional perfecto
pagaría	habría pagado
pagarías	habrías pagado
pagaría	habría pagado
pagaríamos	habríamos pagado
pagaríais	habríais pagado
pagarían	habrían pagado

subjuntivo presente	subjuntivo perfecto
pague	haya pagado
pagues	hayas pagado
pague	haya pagado
paguemos	hayamos pagado
paguéis	hayáis pagado
paguen	hayan pagado

subjuntivo imperfecto	subjuntivo pluscuamperfecto
pagara/pagase	hubiera pagado
pagaras/pagases	hubieras pagado
pagara/pagase	hubiera pagado
pagáramos/pagásemos	hubiéramos pagado
pagarais/pagaseis	hubierais pagado
pagaran/pagasen	hubieran pagado

imperativo afirmativo	imperativo negativo
paga	pagues
pague	pague
paguemos	paguemos
pagad	paguéis
paguen	paguen

infinitivo compuesto	participio
haber pagado	pagado

gerundio simple	gerundio compuesto
pagando	habiendo pagado

41 partir (abreisen, losfahren)

presente	perfecto
parto	he partido
partes	has partido
parte	ha partido
partimos	hemos partido
partís	habéis partido
parten	han partido

imperfecto	pluscuamperfecto
partía	había partido
partías	habías partido
partía	había partido
partíamos	habíamos partido
partíais	habíais partido
partían	habían partido

indefinido	pretérito anterior
partí	hube partido
partiste	hubiste partido
partió	hubo partido
partimos	hubimos partido
partisteis	hubisteis partido
partieron	hubieron partido

futuro simple	futuro perfecto
partiré	habré partido
partirás	habrás partido
partirá	habrá partido
partiremos	habremos partido
partiréis	habréis partido
partirán	habrán partido

condicional simple	condicional perfecto
partiría	habría partido
partirías	habrías partido
partiría	habría partido
partiríamos	habríamos partido
partiríais	habríais partido
partirían	habrían partido

subjuntivo presente	subjuntivo perfecto
parta	haya partido
partas	hayas partido
parta	haya partido
partamos	hayamos partido
partáis	hayáis partido
partan	hayan partido

subjuntivo imperfecto	subjuntivo pluscuamperfecto
partiera/partiese	hubiera partido
partieras/partieses	hubieras partido
partiera/partiese	hubiera partido
partiéramos/partiésemos	hubiéramos partido
partierais/partieseis	hubierais partido
partieran/partiesen	hubieran partido

imperativo afirmativo	imperativo negativo
parte	partas
parta	parta
partamos	partamos
partid	partáis
partan	partan

infinitivo compuesto	participio
haber partido	partido

gerundio simple	gerundio compuesto
partiendo	habiendo partido

42 perder (verlieren)

presente	perfecto
pierdo	he perdido
pierdes	has perdido
pierde	ha perdido
perdemos	hemos perdido
perdéis	habéis perdido
pierden	han perdido

imperfecto	pluscuamperfecto
perdía	había perdido
perdías	habías perdido
perdía	había perdido
perdíamos	habíamos perdido
perdíais	habíais perdido
perdían	habían perdido

indefinido	pretérito anterior
perdí	hube perdido
perdiste	hubiste perdido
perdió	hubo perdido
perdimos	hubimos perdido
perdisteis	hubisteis perdido
perdieron	hubieron perdido

futuro simple	futuro perfecto
perderé	habré perdido
perderás	habrás perdido
perderá	habrá perdido
perderemos	habremos perdido
perderéis	habréis perdido
perderán	habrán perdido

condicional simple	condicional perfecto
perdería	habría perdido
perderías	habrías perdido
perdería	habría perdido
perderíamos	habríamos perdido
perderíais	habríais perdido
perderían	habrían perdido

subjuntivo presente	subjuntivo perfecto
pierda	haya perdido
pierdas	hayas perdido
pierda	haya perdido
perdamos	hayamos perdido
perdáis	hayáis perdido
pierdan	hayan perdido

subjuntivo imperfecto	subjuntivo pluscuamperfecto
perdiera/perdiese	hubiera perdido
perdieras/perdieses	hubieras perdido
perdiera/perdiese	hubiera perdido
perdiéramos/perdiésemos	hubiéramos perdido
perdierais/perdieseis	hubierais perdido
perdieran/perdiesen	hubieran perdido

imperativo afirmativo	imperativo negativo
pierde	pierdas
pierda	pierda
perdamos	perdamos
perded	perdáis
pierdan	pierdan

infinitivo compuesto	participio
haber perdido	perdido

gerundio simple	gerundio compuesto
perdiendo	habiendo perdido

43   poder (können)

presente	perfecto
puedo	he podido
puedes	has podido
puede	ha podido
podemos	hemos podido
podéis	habéis podido
pueden	han podido

imperfecto	pluscuamperfecto
podía	había podido
podías	habías podido
podía	había podido
podíamos	habíamos podido
podíais	habíais podido
podían	habían podido

indefinido	pretérito anterior
pude	hube podido
pudiste	hubiste podido
pudo	hubo podido
pudimos	hubimos podido
pudisteis	hubisteis podido
pudieron	hubieron podido

futuro simple	futuro perfecto
podré	habré podido
podrás	habrás podido
podrá	habrá podido
podremos	habremos podido
podréis	habréis podido
podrán	habrán podido

condicional simple	condicional perfecto
podría	habría podido
podrías	habrías podido
podría	habría podido
podríamos	habríamos podido
podríais	habríais podido
podrían	habrían podido

subjuntivo presente	subjuntivo perfecto
pueda	haya podido
puedas	hayas podido
pueda	haya podido
podamos	hayamos podido
podáis	hayáis podido
puedan	hayan podido

subjuntivo imperfecto	subjuntivo pluscuamperfecto
pudiera/pudiese	hubiera podido
pudieras/pudieses	hubieras podido
pudiera/pudiese	hubiera podido
pudiéramos/pudiésemos	hubiéramos podido
pudierais/pudieseis	hubierais podido
pudieran/pudiesen	hubieran podido

imperativo afirmativo	imperativo negativo
puede	puedas
pueda	pueda
podamos	podamos
poded	podáis
puedan	puedan

infinitivo compuesto	participio
haber podido	podido

gerundio simple	gerundio compuesto
pudiendo	habiendo podido

44   poner (setzen, stellen, legen)

presente	perfecto
pongo	he puesto
pones	has puesto
pone	ha puesto
ponemos	hemos puesto
ponéis	habéis puesto
ponen	han puesto

imperfecto	pluscuamperfecto
ponía	había puesto
ponías	habías puesto
ponía	había puesto
poníamos	habíamos puesto
poníais	habíais puesto
ponían	habían puesto

indefinido	pretérito anterior
puse	hube puesto
pusiste	hubiste puesto
puso	hubo puesto
pusimos	hubimos puesto
pusisteis	hubisteis puesto
pusieron	hubieron puesto

futuro simple	futuro perfecto
pondré	habré puesto
pondrás	habrás puesto
pondrá	habrá puesto
pondremos	habremos puesto
pondréis	habréis puesto
pondrán	habrán puesto

condicional simple	condicional perfecto
pondría	habría puesto
pondrías	habrías puesto
pondría	habría puesto
pondríamos	habríamos puesto
pondríais	habríais puesto
pondrían	habrían puesto

subjuntivo presente	subjuntivo perfecto
ponga	haya puesto
pongas	hayas puesto
ponga	haya puesto
pongamos	hayamos puesto
pongáis	hayáis puesto
pongan	hayan puesto

subjuntivo imperfecto	subjuntivo pluscuamperfecto
pusiera/pusiese	hubiera puesto
pusieras/pusieses	hubieras puesto
pusiera/pusiese	hubiera puesto
pusiéramos/pusiésemos	hubiéramos puesto
pusierais/pusieseis	hubierais puesto
pusieran/pusiesen	hubieran puesto

imperativo afirmativo	imperativo negativo
pon	pongas
ponga	ponga
pongamos	pongamos
poned	pongáis
pongan	pongan

infinitivo compuesto	participio
haber puesto	puesto

gerundio simple	gerundio compuesto
poniendo	habiendo puesto

45   preferir (bevorzugen)

presente	perfecto
prefiero	he preferido
prefieres	has preferido
prefiere	ha preferido
preferimos	hemos preferido
preferís	habéis preferido
prefieren	han preferido

imperfecto	pluscuamperfecto
prefería	había preferido
preferías	habías preferido
prefería	había preferido
preferíamos	habíamos preferido
preferíais	habíais preferido
preferían	habían preferido

indefinido	anterior
preferí	hube preferido
preferiste	hubiste preferido
prefirió	hubo preferido
preferimos	hubimos preferido
preferisteis	hubisteis preferido
prefirieron	hubieron preferido

futuro simple	futuro perfecto
preferiré	habré preferido
preferirás	habrás preferido
preferirá	habrá preferido
preferiremos	habremos preferido
preferiréis	habréis preferido
preferirán	habrán preferido

condicional simple	condicional perfecto
preferiría	habría preferido
preferirías	habrías preferido
preferiría	habría preferido
preferiríamos	habríamos preferido
preferiríais	habríais preferido
preferirían	habrían preferido

subjuntivo presente	subjuntivo perfecto
prefiera	haya preferido
prefieras	hayas preferido
prefiera	haya preferido
prefiramos	hayamos preferido
prefiráis	hayáis preferido
prefieran	hayan preferido

subjuntivo imperfecto	subjuntivo pluscuamperfecto
prefiriera/prefiriese	hubiera preferido
prefirieras/prefirieses	hubieras preferido
prefiriera/prefiriese	hubiera preferido
prefiriéramos/prefiriésemos	hubiéramos preferido
prefirierais/prefirieseis	hubierais preferido
prefirieran/prefiriesen	hubieran preferido

imperativo afirmativo	imperativo negativo
prefiere	prefieras
prefiera	prefiera
prefiramos	prefiramos
preferid	prefiráis
prefieran	prefieran

infinitivo compuesto	participio
haber preferido	preferido

gerundio simple	gerundio compuesto
prefiriendo	habiendo preferido

46 preguntar (fragen)

presente	perfecto
pregunto	he preguntado
preguntas	has preguntado
pregunta	ha preguntado
preguntamos	hemos preguntado
preguntáis	habéis preguntado
preguntan	han preguntado

imperfecto	pluscuamperfecto
preguntaba	había preguntado
preguntabas	habías preguntado
preguntaba	había preguntado
preguntábamos	habíamos preguntado
preguntabais	habíais preguntado
preguntaban	habían preguntado

indefinido	anterior
pregunté	hube preguntado
preguntaste	hubiste preguntado
preguntó	hubo preguntado
preguntamos	hubimos preguntado
preguntasteis	hubisteis preguntado
preguntaron	hubieron preguntado

futuro simple	futuro perfecto
preguntaré	habré preguntado
preguntarás	habrás preguntado
preguntará	habrá preguntado
preguntaremos	habremos preguntado
preguntaréis	habréis preguntado
preguntarán	habrán preguntado

condicional simple	condicional perfecto
preguntaría	habría preguntado
preguntarías	habrías preguntado
preguntaría	habría preguntado
preguntaríamos	habríamos preguntado
preguntaríais	habríais preguntado
preguntarían	habrían preguntado

subjuntivo presente	subjuntivo perfecto
pregunte	haya preguntado
preguntes	hayas preguntado
pregunte	haya preguntado
preguntemos	hayamos preguntado
preguntéis	hayáis preguntado
pregunten	hayan preguntado

subjuntivo imperfecto	subjuntivo pluscuamperfecto
preguntara/preguntase	hubiera preguntado
preguntaras/preguntases	hubieras preguntado
preguntara/preguntase	hubiera preguntado
preguntáramos/preguntásemos	hubiéramos preguntado
preguntarais/preguntaseis	hubierais preguntado
preguntaran/preguntasen	hubieran preguntado

imperativo afirmativo	imperativo negativo
pregunta	preguntes
pregunte	pregunte
preguntemos	preguntemos
preguntad	preguntéis
pregunten	pregunten

infinitivo compuesto	participio
haber preguntado	preguntado

gerundio simple	gerundio compuesto
preguntando	habiendo preguntado

47 preparar (vorbereiten)

presente	perfecto
preparo	he preparado
preparas	has preparado
prepara	ha preparado
preparamos	hemos preparado
preparáis	habéis preparado
preparan	han preparado

imperfecto	pluscuamperfecto
preparaba	había preparado
preparabas	habías preparado
preparaba	había preparado
preparábamos	habíamos preparado
preparabais	habíais preparado
preparaban	habían preparado

indefinido	anterior
preparé	hube preparado
preparaste	hubiste preparado
preparó	hubo preparado
preparamos	hubimos preparado
preparasteis	hubisteis preparado
prepararon	hubieron preparado

futuro simple	futuro perfecto
prepararé	habré preparado
prepararás	habrás preparado
preparará	habrá preparado
prepararemos	habremos preparado
prepararéis	habréis preparado
prepararán	habrán preparado

condicional simple	condicional perfecto
prepararía	habría preparado
prepararías	habrías preparado
prepararía	habría preparado
prepararíamos	habríamos preparado
prepararíais	habríais preparado
prepararían	habrían preparado

subjuntivo presente	subjuntivo perfecto
prepare	haya preparado
prepares	hayas preparado
prepare	haya preparado
preparemos	hayamos preparado
preparéis	hayáis preparado
preparen	hayan preparado

subjuntivo imperfecto	subjuntivo pluscuamperfecto
preparara/preparase	hubiera preparado
prepararas/preparases	hubieras preparado
preparara/preparase	hubiera preparado
preparáramos/preparásemos	hubiéramos preparado
prepararais/preparaseis	hubierais preparado
prepararan/preparasen	hubieran preparado

imperativo afirmativo	imperativo negativo
prepara	prepares
prepare	prepare
preparemos	preparemos
preparad	preparéis
preparen	preparen

infinitivo compuesto	participio
haber preparado	preparado

gerundio simple	gerundio compuesto
preparando	habiendo preparado

48	querer (wollen, mögen)

presente	perfecto
quiero	he querido
quieres	has querido
quiere	ha querido
queremos	hemos querido
queréis	habéis querido
quieren	han querido

imperfecto	pluscuamperfecto
quería	había querido
querías	habías querido
quería	había querido
queríamos	habíamos querido
queríais	habíais querido
querían	habían querido

indefinido	pretérito anterior
quise	hube querido
quisiste	hubiste querido
quiso	hubo querido
quisimos	hubimos querido
quisisteis	hubisteis querido
quisieron	hubieron querido

futuro simple	futuro perfecto
querré	habré querido
querrás	habrás querido
querrá	habrá querido
querremos	habremos querido
querréis	habréis querido
querrán	habrán querido

condicional simple	condicional perfecto
querría	habría querido
querrías	habrías querido
querría	habría querido
querríamos	habríamos querido
querríais	habríais querido
querrían	habrían querido

subjuntivo presente	subjuntivo perfecto
quiera	haya querido
quieras	hayas querido
quiera	haya querido
queramos	hayamos querido
queráis	hayáis querido
quieran	hayan querido

subjuntivo imperfecto	subjuntivo pluscuamperfecto
quisiera/quisiese	hubiera querido
quisieras/quisieses	hubieras querido
quisiera/quisiese	hubiera querido
quisiéramos/quisiésemos	hubiéramos querido
quisierais/quisieseis	hubierais querido
quisieran/quisiesen	hubieran querido

imperativo afirmativo	imperativo negativo
quiere	quieras
quiera	quiera
queramos	queramos
quered	queráis
quieran	quieran

infinitivo compuesto	participio
haber querido	querido

gerundio simple	gerundio compuesto
queriendo	habiendo querido

49 reír (lachen)

presente	perfecto
río	he reído
ríes	has reído
ríe	ha reído
reímos	hemos reído
reís	habéis reído
ríen	han reído

imperfecto	pluscuamperfecto
reía	había reído
reías	habías reído
reía	había reído
reíamos	habíamos reído
reíais	habíais reído
reían	habían reído

indefinido	pretérito anterior
reí	hube reído
reíste	hubiste reído
rió	hubo reído
reímos	hubimos reído
reísteis	hubisteis reído
rieron	hubieron reído

futuro simple	futuro perfecto
reiré	habré reído
reirás	habrás reído
reirá	habrá reído
reiremos	habremos reído
reiréis	habréis reído
reirán	habrán reído

condicional simple	condicional perfecto
reiría	habría reído
reirías	habrías reído
reiría	habría reído
reiríamos	habríamos reído
reiríais	habríais reído
reirían	habrían reído

subjuntivo presente	subjuntivo perfecto
ría	haya reído
rías	hayas reído
ría	haya reído
riamos	hayamos reído
riáis	hayáis reído
rían	hayan reído

subjuntivo imperfecto	subjuntivo pluscuamperfecto
riera/riese	hubiera reído
rieras/rieses	hubieras reído
riera/riese	hubiera reído
riéramos/riésemos	hubiéramos reído
rierais/rieseis	hubierais reído
rieran/riesen	hubieran reído

imperativo afirmativo	imperativo negativo
ríe	rías
ría	ría
riamos	riamos
reíd	riáis
rían	rían

infinitivo compuesto	participio
haber reído	reído

gerundio simple	gerundio compuesto
riendo	habiendo reído

50 saber (wissen)

presente	perfecto
sé	he sabido
sabes	has sabido
sabe	ha sabido
sabemos	hemos sabido
sabéis	habéis sabido
saben	han sabido

imperfecto	pluscuamperfecto
sabía	había sabido
sabías	habías sabido
sabía	había sabido
sabíamos	habíamos sabido
sabíais	habíais sabido
sabían	habían sabido

indefinido	pretérito anterior
supe	hube sabido
supiste	hubiste sabido
supo	hubo sabido
supimos	hubimos sabido
supisteis	hubisteis sabido
supieron	hubieron sabido

futuro simple	futuro perfecto
sabré	habré sabido
sabrás	habrás sabido
sabrá	habrá sabido
sabremos	habremos sabido
sabréis	habréis sabido
sabrán	habrán sabido

condicional simple	condicional perfecto
sabría	habría sabido
sabrías	habrías sabido
sabría	habría sabido
sabríamos	habríamos sabido
sabríais	habríais sabido
sabrían	habrían sabido

subjuntivo presente	subjuntivo perfecto
sepa	haya sabido
sepas	hayas sabido
sepa	haya sabido
sepamos	hayamos sabido
sepáis	hayáis sabido
sepan	hayan sabido

subjuntivo imperfecto	subjuntivo pluscuamperfecto
supiera/supiese	hubiera sabido
supieras/supieses	hubieras sabido
supiera/supiese	hubiera sabido
supiéramos/supiésemos	hubiéramos sabido
supierais/supieseis	hubierais sabido
supieran/supiesen	hubieran sabido

imperativo afirmativo	imperativo negativo
sabe	sepas
sepa	sepa
sepamos	sepamos
sabed	sepáis
sepan	sepan

infinitivo compuesto	participio
haber sabido	sabido

gerundio simple	gerundio compuesto
sabiendo	habiendo sabido

51   salir (ausgehen, hinausgehen)

presente	perfecto
salgo	he salido
sales	has salido
sale	ha salido
salimos	hemos salido
salís	habéis salido
salen	han salido

imperfecto	pluscuamperfecto
salía	había salido
salías	habías salido
salía	había salido
salíamos	habíamos salido
salíais	habíais salido
salían	habían salido

indefinido	pretérito anterior
salí	hube salido
saliste	hubiste salido
salió	hubo salido
salimos	hubimos salido
salisteis	hubisteis salido
salieron	hubieron salido

futuro simple	futuro perfecto
saldré	habré salido
saldrás	habrás salido
saldrá	habrá salido
saldremos	habremos salido
saldréis	habréis salido
saldrán	habrán salido

condicional simple	condicional perfecto
saldría	habría salido
saldrías	habrías salido
saldría	habría salido
saldríamos	habríamos salido
saldríais	habríais salido
saldrían	habrían salido

subjuntivo presente	subjuntivo perfecto
salga	haya salido
salgas	hayas salido
salga	haya salido
salgamos	hayamos salido
salgáis	hayáis salido
salgan	hayan salido

subjuntivo imperfecto	subjuntivo pluscuamperfecto
saliera/saliese	hubiera salido
salieras/salieses	hubieras salido
saliera/saliese	hubiera salido
saliéramos/saliésemos	hubiéramos salido
salierais/salieseis	hubierais salido
salieran/saliesen	hubieran salido

imperativo afirmativo	imperativo negativo
sal	salgas
salga	salga
salgamos	salgamos
salid	salgáis
salgan	salgan

infinitivo compuesto	participio
haber salido	salido

gerundio simple	gerundio compuesto
saliendo	habiendo salido

52   saludar (grüßen)

presente	perfecto
saludo	he saludado
saludas	has saludado
saluda	ha saludado
saludamos	hemos saludado
saludáis	habéis saludado
saludan	han saludado

imperfecto	pluscuamperfecto
saludaba	había saludado
saludabas	habías saludado
saludaba	había saludado
saludábamos	habíamos saludado
saludabais	habíais saludado
saludaban	habían saludado

indefinido	anterior
saludé	hube saludado
saludaste	hubiste saludado
saludó	hubo saludado
saludamos	hubimos saludado
saludasteis	hubisteis saludado
saludaron	hubieron saludado

futuro simple	futuro perfecto
saludaré	habré saludado
saludarás	habrás saludado
saludará	habrá saludado
saludaremos	habremos saludado
saludaréis	habréis saludado
saludarán	habrán saludado

condicional simple	condicional perfecto
saludaría	habría saludado
saludarías	habrías saludado
saludaría	habría saludado
saludaríamos	habríamos saludado
saludaríais	habríais saludado
saludarían	habrían saludado

subjuntivo presente	subjuntivo perfecto
salude	haya saludado
saludes	hayas saludado
salude	haya saludado
saludemos	hayamos saludado
saludéis	hayáis saludado
saluden	hayan saludado

subjuntivo imperfecto	subjuntivo pluscuamperfecto
saludara/saludase	hubiera saludado
saludaras/saludases	hubieras saludado
saludara/saludase	hubiera saludado
saludáramos/saludásemos	hubiéramos saludado
saludarais/saludaseis	hubierais saludado
saludaran/saludasen	hubieran saludado

imperativo afirmativo	imperativo negativo
saluda	saludes
salude	salude
saludemos	saludemos
saludad	saludéis
saluden	saluden

infinitivo compuesto	participio
haber saludado	saludado

gerundio simple	gerundio compuesto
saludando	habiendo saludado

53 sentarse (sich setzen)

presente	perfecto
me siento	me he sentado
te sientas	te has sentado
se sienta	se ha sentado
nos sentamos	non hemos sentado
os sentáis	os habéis sentado
se sientan	se han sentado

imperfecto	pluscuamperfecto
me sentaba	me había sentado
te sentabas	te habías sentado
se sentaba	se había sentado
nos sentábamos	non habíamos sentado
os sentabais	os habíais sentado
se sentaban	se habían sentado

indefinido	anterior
me senté	me hube sentado
te sentaste	te hubiste sentado
se sentó	se hubo sentado
nos sentamos	non hubimos sentado
os sentasteis	os hubisteis sentado
se sentaron	se hubieron sentado

futuro simple	futuro perfecto
me sentaré	me habré sentado
te sentarás	te habrás sentado
se sentará	se habrá sentado
nos sentaremos	non habremos sentado
os sentaréis	os habréis sentado
se sentarán	se habrán sentado

condicional simple	condicional perfecto
me sentaría	me habría sentado
te sentarías	te habrías sentado
se sentaría	se habría sentado
nos sentaríamos	non habríamos sentado
os sentaríais	os habríais sentado
se sentarían	se habrían sentado

subjuntivo presente	subjuntivo perfecto
me siente	me haya sentado
te sientes	te hayas sentado
se siente	se haya sentado
nos sentemos	non hayamos sentado
os sentéis	os hayáis sentado
se sienten	se hayan sentado

subjuntivo imperfecto	subjuntivo pluscuamperfecto
me sentara/sentase	me hubiera sentado
te sentaras/sentases	te hubieras sentado
se sentara/sentase	se hubiera sentado
nos sentásemos/sentáramos	non hubiéramos sentado
os sentarais/sentaseis	os hubierais sentado
se sentaran/sentasen	se hubieran sentado

imperativo afirmativo	imperativo negativo
siéntate	no te sientes
siéntese	no se siente
sentémonos	no nos sentemos
sentaos	no os sentéis
siéntense	no se sienten

infinitivo compuesto	participio
haberse sentado	sentado

gerundio simple	gerundio compuesto
sentándose	habiéndose sentado

54 ser (sein)

presente	perfecto
soy	he sido
eres	has sido
es	ha sido
somos	hemos sido
sois	habéis sido
son	han sido

imperfecto	pluscuamperfecto
era	había sido
eras	habías sido
era	había sido
éramos	habíamos sido
erais	habíais sido
eran	habían sido

indefinido	anterior
fui	hube sido
fuiste	hubiste sido
fue	hubo sido
fuimos	hubimos sido
fuisteis	hubisteis sido
fueron	hubieron sido

futuro simple	futuro perfecto
seré	habré sido
serás	habrás sido
será	habrá sido
seremos	habremos sido
seréis	habréis sido
serán	habrán sido

condicional simple	condicional perfecto
sería	habría sido
serías	habrías sido
sería	habría sido
seríamos	habríamos sido
seríais	habríais sido
serían	habrían sido

subjuntivo presente	subjuntivo perfecto
sea	haya sido
seas	hayas sido
sea	haya sido
seamos	hayamos sido
seáis	hayáis sido
sean	hayan sido

subjuntivo imperfecto	subjuntivo pluscuamperfecto
fuera/fuese	hubiera sido
fueras/fueses	hubieras sido
fuera/fuese	hubiera sido
fuéramos/fuésemos	hubiéramos sido
fuerais/fueseis	hubierais sido
fueran/fuesen	hubieran sido

imperativo afirmativo	imperativo negativo
sé	seas
sea	sea
seamos	seamos
sed	seáis
sean	sean

infinitivo compuesto	participio
haber sido	sido

gerundio simple	gerundio compuesto
siendo	habiendo sido

55 subir (hochsteigen, ansteigen)

presente	perfecto
subo	he subido
subes	has subido
sube	ha subido
subimos	hemos subido
subís	habéis subido
suben	han subido

imperfecto	pluscuamperfecto
subía	había subido
subías	habías subido
subía	había subido
subíamos	habíamos subido
subíais	habíais subido
subían	habían subido

indefinido	anterior
subí	hube subido
subiste	hubiste subido
subió	hubo subido
subimos	hubimos subido
subisteis	hubisteis subido
subieron	hubieron subido

futuro simple	futuro perfecto
subiré	habré subido
subirás	habrás subido
subirá	habrá subido
subiremos	habremos subido
subiréis	habréis subido
subirán	habrán subido

condicional simple	condicional perfecto
subiría	habría subido
subirías	habrías subido
subiría	habría subido
subiríamos	habríamos subido
subiríais	habríais subido
subirían	habrían subido

subjuntivo presente	subjuntivo perfecto
suba	haya subido
subas	hayas subido
suba	haya subido
subamos	hayamos subido
subáis	hayáis subido
suban	hayan subido

subjuntivo imperfecto	subjuntivo pluscuamperfecto
subiera/subiese	hubiera subido
subieras/subieses	hubieras subido
subiera/subiese	hubiera subido
subiéramos/subiésemos	hubiéramos subido
subierais/subieseis	hubierais subido
subieran/subiesen	hubieran subido

imperativo afirmativo	imperativo negativo
sube	subas
suba	suba
subamos	subamos
subid	subáis
suban	suban

infinitivo compuesto	participio
haber subido	subido

gerundio simple	gerundio compuesto
subiendo	habiendo subido

presente	perfecto
telefoneo	he telefoneado
telefoneas	has telefoneado
telefonea	ha telefoneado
telefoneamos	hemos telefoneado
telefoneáis	habéis telefoneado
telefonean	han telefoneado

imperfecto	pluscuamperfecto
telefoneaba	había telefoneado
telefoneabas	habías telefoneado
telefoneaba	había telefoneado
telefoneábamos	habíamos telefoneado
telefoneabais	habíais telefoneado
telefoneaban	habían telefoneado

indefinido	anterior
telefoneé	hube telefoneado
telefoneaste	hubiste telefoneado
telefoneó	hubo telefoneado
telefoneamos	hubimos telefoneado
telefoneasteis	hubisteis telefoneado
telefonearon	hubieron telefoneado

futuro simple	futuro perfecto
telefonearé	habré telefoneado
telefonearás	habrás telefoneado
telefoneará	habrá telefoneado
telefonearemos	habremos telefoneado
telefonearéis	habréis telefoneado
telefonearán	habrán telefoneado

condicional simple	condicional perfecto
telefonearía	habría telefoneado
telefonearías	habrías telefoneado
telefonearía	habría telefoneado
telefonearíamos	habríamos telefoneado
telefonearíais	habríais telefoneado
telefonearían	habrían telefoneado

subjuntivo presente	subjuntivo perfecto
telefonee	haya telefoneado
telefonees	hayas telefoneado
telefonee	haya telefoneado
telefoneemos	hayamos telefoneado
telefoneéis	hayáis telefoneado
telefoneen	hayan telefoneado

subjuntivo imperfecto	subjuntivo pluscuamperfecto
telefoneara/telefonease	hubiera telefoneado
telefonearas/telefoneases	hubieras telefoneado
telefoneara/telefonease	hubiera telefoneado
telefoneáramos/telefoneásemos	hubiéramos telefoneado
telefonearais/telefoneaseis	hubierais telefoneado
telefonearan/telefoneasen	hubieran telefoneado

imperativo afirmativo	imperativo negativo
telefonea	no telefonees
telefonee	no telefonee
telefoneemos	no telefoneemos
telefonead	no telefoneéis
telefoneen	no telefoneen

infinitivo compuesto	participio
haber telefoneado	telefoneado

gerundio simple	gerundio compuesto
telefoneando	habiendo telefoneado

57   tener (haben)

presente	perfecto
tengo	he tenido
tienes	has tenido
tiene	ha tenido
tenemos	hemos tenido
tenéis	habéis tenido
tienen	han tenido

imperfecto	pluscuamperfecto
tenía	había tenido
tenías	habías tenido
tenía	había tenido
teníamos	habíamos tenido
teníais	habíais tenido
tenían	habían tenido

indefinido	anterior
tuve	hube tenido
tuviste	hubiste tenido
tuvo	hubo tenido
tuvimos	hubimos tenido
tuvisteis	hubisteis tenido
tuvieron	hubieron tenido

futuro simple	futuro perfecto
tendré	habré tenido
tendrás	habrás tenido
tendrá	habrá tenido
tendremos	habremos tenido
tendréis	habréis tenido
tendrán	habrán tenido

condicional simple	condicional perfecto
tendría	habría tenido
tendrías	habrías tenido
tendría	habría tenido
tendríamos	habríamos tenido
tendríais	habríais tenido
tendrían	habrían tenido

subjuntivo presente	subjuntivo perfecto
tenga	haya tenido
tengas	hayas tenido
tenga	haya tenido
tengamos	hayamos tenido
tengáis	hayáis tenido
tengan	hayan tenido

subjuntivo imperfecto	subjuntivo pluscuamperfecto
tuviera/tuviese	hubiera tenido
tuvieras/tuvieses	hubieras tenido
tuviera/tuviese	hubiera tenido
tuviéramos/tuviésemos	hubiéramos tenido
tuvierais/tuvieseis	hubierais tenido
tuvieran/tuviesen	hubieran tenido

imperativo afirmativo	imperativo negativo
ten	tengas
tenga	tenga
tengamos	tengamos
tened	tengáis
tengan	tengan

infinitivo compuesto	participio
haber tenido	tenido

gerundio simple	gerundio compuesto
teniendo	habiendo tenido

58 tomar (nehmen, abbiegen)

presente	perfecto
tomo	he tomado
tomas	has tomado
toma	ha tomado
tomamos	hemos tomado
tomáis	habéis tomado
toman	han tomado

imperfecto	pluscuamperfecto
tomaba	hube tomado
tomabas	hubiste tomado
tomaba	hubo tomado
tomábamos	hubimos tomado
tomabais	hubisteis tomado
tomaban	hubieron tomado

indefinido	anterior
tomé	hube tomado
tomaste	hubiste tomado
tomó	hubo tomado
tomamos	hubimos tomado
tomasteis	hubisteis tomado
tomaron	hubieron tomado

futuro simple	futuro perfecto
tomaré	habré tomado
tomarás	habrás tomado
tomará	habrá tomado
tomaremos	habremos tomado
tomaréis	habréis tomado
tomarán	habrán tomado

condicional simple	condicional perfecto
tomaría	habría tomado
tomarías	habrías tomado
tomaría	habría tomado
tomaríamos	habríamos tomado
tomaríais	habríais tomado
tomarían	habrían tomado

subjuntivo presente	subjuntivo perfecto
tome	haya tomado
tomes	hayas tomado
tome	haya tomado
tomemos	hayamos tomado
toméis	hayáis tomado
tomen	hayan tomado

subjuntivo imperfecto	subjuntivo pluscuamperfecto
tomara/tomase	hubiera tomado
tomaras/tomases	hubieras tomado
tomara/tomase	hubiera tomado
tomáramos/tomásemos	hubiéramos tomado
tomarais/tomaseis	hubierais tomado
tomaran/tomasen	hubieran tomado

imperativo afirmativo	imperativo negativo
toma	tomes
tome	tome
tomemos	tomemos
tomad	toméis
tomen	tomen

infinitivo compuesto	participio
haber tomado	tomado

gerundio simple	gerundio compuesto
tomando	habiendo tomado

59 trabajar (arbeiten)

presente	perfecto
trabajo	he trabajado
trabajas	has trabajado
trabaja	ha trabajado
trabajamos	hemos trabajado
trabajáis	habéis trabajado
trabajan	han trabajado

imperfecto	pluscuamperfecto
trabajaba	había trabajado
trabajabas	habías trabajado
trabajaba	había trabajado
trabajábamos	habíamos trabajado
trabajabais	habíais trabajado
trabajaban	habían trabajado

indefinido	anterior
trabajé	hube trabajado
trabajaste	hubiste trabajado
trabajó	hubo trabajado
trabajamos	hubimos trabajado
trabajasteis	hubisteis trabajado
trabajaron	hubieron trabajado

futuro simple	futuro perfecto
trabajaré	habré trabajado
trabajarás	habrás trabajado
trabajará	habrá trabajado
trabajaremos	habremos trabajado
trabajaréis	habréis trabajado
trabajarán	habrán trabajado

condicional simple	condicional perfecto
trabajaría	habría trabajado
trabajarías	habrías trabajado
trabajaría	habría trabajado
trabajaríamos	habríamos trabajado
trabajaríais	habríais trabajado
trabajarían	habrían trabajado

subjuntivo presente	subjuntivo perfecto
trabaje	haya trabajado
trabajes	hayas trabajado
trabaje	haya trabajado
trabajemos	hayamos trabajado
trabajéis	hayáis trabajado
trabajen	hayan trabajado

subjuntivo imperfecto	subjuntivo pluscuamperfecto
trabajara/trabajase	hubiera trabajado
trabajaras/trabajases	hubieras trabajado
trabajara/trabajase	hubiera trabajado
trabajáramos/trabajásemos	hubiéramos trabajado
trabajarais/trabajaseis	hubierais trabajado
trabajaran/trabajasen	hubieran trabajado

imperativo afirmativo	imperativo negativo
trabaja	no trabajes
trabaje	no trabaje
trabajemos	no trabajemos
trabajad	no trabajéis
trabajen	no trabajen

infinitivo compuesto	participio
haber trabajado	trabajado

gerundio simple	gerundio compuesto
trabajando	habiendo trabajado

60   traer (bringen)

presente	perfecto
traigo	he traído
traes	has traído
trae	ha traído
traemos	hemos traído
traéis	habéis traído
traen	han traído

imperfecto	pluscuamperfecto
traía	había traído
traías	habías traído
traía	había traído
traíamos	habíamos traído
traíais	habíais traído
traían	habían traído

indefinido	pretérito anterior
traje	hube traído
trajiste	hubiste traído
trajo	hubo traído
trajimos	hubimos traído
trajisteis	hubisteis traído
trajeron	hubieron traído

futuro simple	futuro perfecto
traeré	habré traído
traerás	habrás traído
traerá	habrá traído
traeremos	habremos traído
traeréis	habréis traído
traerán	habrán traído

condicional simple	condicional perfecto
traería	habría traído
traerías	habrías traído
traería	habría traído
traeríamos	habríamos traído
traeríais	habríais traído
traerían	habrían traído

subjuntivo presente	subjuntivo perfecto
traiga	haya traído
traigas	hayas traído
traiga	haya traído
traigamos	hayamos traído
traigáis	hayáis traído
traigan	hayan traído

subjuntivo imperfecto	subjuntivo pluscuamperfecto
trajera/trajese	hubiera traído
trajeras/trajeses	hubieras traído
trajera/trajese	hubiera traído
trajéramos/trajésemos	hubiéramos traído
trajerais/trajeseis	hubierais traído
trajeran/trajesen	hubieran traído

imperativo afirmativo	imperativo negativo
trae	traigas
traiga	traiga
traigamos	traigamos
traed	traigáis
traigan	traigan

infinitivo compuesto	participio
haber traído	traído

gerundio simple	gerundio compuesto
trayendo	habiendo traído

61   venir (kommen, ankommen)

presente	perfecto
vengo	he venido
vienes	has venido
viene	ha venido
venimos	hemos venido
venís	habéis venido
vienen	han venido

imperfecto	pluscuamperfecto
venía	había venido
venías	habías venido
venía	había venido
veníamos	habíamos venido
veníais	habíais venido
venían	habían venido

indefinido	pretérito anterior
vine	hube venido
viniste	hubiste venido
vino	hubo venido
vinimos	hubimos venido
vinisteis	hubisteis venido
vinieron	hubieron venido

futuro simple	futuro perfecto
vendré	habré venido
vendrás	habrás venido
vendrá	habrá venido
vendremos	habremos venido
vendréis	habréis venido
vendrán	habrán venido

condicional simple	condicional perfecto
vendría	habría venido
vendrías	habrías venido
vendría	habría venido
vendríamos	habríamos venido
vendríais	habríais venido
vendrían	habrían venido

subjuntivo presente	subjuntivo perfecto
venga	haya venido
vengas	hayas venido
venga	haya venido
vengamos	hayamos venido
vengáis	hayáis venido
vengan	hayan venido

subjuntivo imperfecto	subjuntivo pluscuamperfecto
viniera/viniese	hubiera venido
vinieras/vinieses	hubieras venido
viniera/viniese	hubiera venido
viniéramos/viniésemos	hubiéramos venido
vinierais/vinieseis	hubierais venido
vinieran/viniesen	hubieran venido

imperativo afirmativo	imperativo negativo
ven	vengas
venga	venga
vengamos	vengamos
venid	vengáis
vengan	vengan

infinitivo compuesto	participio
haber venido	venido

gerundio simple	gerundio compuesto
viniendo	habiendo venido

62   ver (sehen)

presente	perfecto
veo	he visto
ves	has visto
ve	ha visto
vemos	hemos visto
veis	habéis visto
ven	han visto

imperfecto	pluscuamperfecto
veía	había visto
veías	habías visto
veía	había visto
veíamos	habíamos visto
veías	habías visto
veían	habían visto

indefinido	pretérito anterior
vi	hube visto
viste	hubiste visto
vio	hubo visto
vimos	hubimos visto
visteis	hubisteis visto
vieron	hubieron visto

futuro simple	futuro perfecto
veré	habré visto
verás	habrás visto
verá	habrá visto
veremos	habremos visto
veréis	habréis visto
verán	habrán visto

condicional simple	condicional perfecto
vería	habría visto
verías	habrías visto
vería	habría visto
veríamos	habríamos visto
veríais	habríais visto
verían	habrían visto

subjuntivo presente	subjuntivo perfecto
vea	haya visto
veas	hayas visto
vea	haya visto
veamos	hayamos visto
veáis	hayáis visto
vean	hayan visto

subjuntivo imperfecto	subjuntivo pluscuamperfecto
viera/viese	hubiera visto
vieras/vieses	hubieras visto
viera/viese	hubiera visto
viéramos/viésemos	hubiéramos visto
vierais/vieseis	hubierais visto
vieran/viesen	hubieran visto

imperativo afirmativo	imperativo negativo
ve	veas
vea	vea
veamos	veamos
ved	veáis
vean	vean

infinitivo compuesto	participio
haber visto	visto

gerundio simple	gerundio compuesto
viendo	habiendo visto

63 vestirse (sich anziehen)

presente	perfecto
me visto	me he vestido
te vistes	te has vestido
se viste	se ha vestido
nos vestimos	non hemos vestido
os vestís	os habéis vestido
se visten	se han vestido

imperfecto	pluscuamperfecto
me vestía	me había vestido
te vestías	te habías vestido
se vestía	se había vestido
nos vestíamos	non habíamos vestido
os vestíais	os habíais vestido
se vestían	se habían vestido

indefinido	anterior
me vestí	me hube vestido
te vestiste	te hubiste vestido
se vistió	se hubo vestido
nos vestimos	non hubimos vestido
os vestisteis	os hubisteis vestido
se vistieron	se hubieron vestido

futuro simple	futuro perfecto
me vestiré	me habré vestido
te vestirás	te habrás vestido
se vestirá	se habrá vestido
nos vestiremos	non habremos vestido
os vestiréis	os habréis vestido
se vestirán	se habrán vestido

condicional simple	condicional perfecto
me vestiría	me habría vestido
te vestirías	te habrías vestido
se vestiría	se habría vestido
nos vestiríamos	non habríamos vestido
os vestiríais	os habríais vestido
se vestirían	se habrían vestido

subjuntivo presente	subjuntivo perfecto
me vista	me haya vestido
te vistas	te hayas vestido
se vista	se haya vestido
nos vistamos	non hayamos vestido
os vistáis	os hayáis vestido
se vistan	se hayan vestido

subjuntivo imperfecto	subjuntivo pluscuamperfecto
me vistiera/vistiese	me hubiera vestido
te vistieras/vistieses	te hubieras vestido
se vistiera/vistiese	se hubiera vestido
nos vistiéramos/vistiésemos	non hubiéramos vestido
os vistierais/vistieseis	os hubierais vestido
se vistieran/vistiesen	se hubieran vestido

imperativo afirmativo	imperativo negativo
vístete	no te vistas
vístase	no se vista
vistámonos	no nos vistamos
vestios	no os vistáis
vístanse	no se vistan

infinitivo compuesto	participio
haberse vestido	vestido

gerundio simple	gerundio compuesto
vistiéndose	habiéndose vestido

64   viajar (reisen)

presente	perfecto
viajo	he viajado
viajas	has viajado
viaja	ha viajado
viajamos	hemos viajado
viajáis	habéis viajado
viajan	han viajado

imperfecto	pluscuamperfecto
viajaba	había viajado
viajabas	habías viajado
viajaba	había viajado
viajábamos	habíamos viajado
viajabais	habíais viajado
viajaban	habían viajado

indefinido	anterior
viajé	hube viajado
viajaste	hubiste viajado
viajó	hubo viajado
viajamos	hubimos viajado
viajasteis	hubisteis viajado
viajaron	hubieron viajado

futuro simple	futuro perfecto
viajaré	habré viajado
viajarás	habrás viajado
viajará	habrá viajado
viajaremos	habremos viajado
viajaréis	habréis viajado
viajarán	habrán viajado

condicional simple	condicional perfecto
viajaría	habría viajado
viajarías	habrías viajado
viajaría	habría viajado
viajaríamos	habríamos viajado
viajaríais	habríais viajado
viajarían	habrían viajado

subjuntivo presente	subjuntivo perfecto
viaje	haya viajado
viajes	hayas viajado
viaje	haya viajado
viajemos	hayamos viajado
viajéis	hayáis viajado
viajen	hayan viajado

subjuntivo imperfecto	subjuntivo pluscuamperfecto
viajara/viajase	hubiera viajado
viajaras/viajases	hubieras viajado
viajara/viajase	hubiera viajado
viajáramos/viajásemos	hubiéramos viajado
viajarais/viajaseis	hubierais viajado
viajaran/viajasen	hubieran viajado

imperativo afirmativo	imperativo negativo
viaja	viajes
viaje	viaje
viajemos	viajemos
viajad	viajéis
viajen	viajen

infinitivo compuesto	participio
haber viajado	viajado

gerundio simple	gerundio compuesto
viajando	habiendo viajado

65   vivir (leben)

presente	perfecto
vivo	he vivido
vives	has vivido
vive	ha vivido
vivimos	hemos vivido
vivís	habéis vivido
viven	han vivido

imperfecto	pluscuamperfecto
vivía	había vivido
vivías	habías vivido
vivía	había vivido
vivíamos	habíamos vivido
vivíais	habíais vivido
vivía	habían vivido

indefinido	anterior
viví	hube vivido
viviste	hubiste vivido
vivió	hubo vivido
vivimos	hubimos vivido
vivisteis	hubisteis vivido
vivieron	hubieron vivido

futuro simple	futuro perfecto
viviré	habré vivido
vivirás	habrás vivido
vivirá	habrá vivido
viviremos	habremos vivido
viviréis	habréis vivido
vivirán	habrán vivido

condicional simple	condicional perfecto
viviría	habría vivido
vivirías	habrías vivido
viviría	habría vivido
viviríamos	habríamos vivido
viviríais	habríais vivido
vivirían	habrían vivido

subjuntivo presente	subjuntivo perfecto
viva	haya vivido
vivas	hayas vivido
viva	haya vivido
vivamos	hayamos vivido
viváis	hayáis vivido
vivan	hayan vivido

subjuntivo imperfecto	subjuntivo pluscuamperfecto
viviera/viviese	hubiera vivido
vivieras/vivieses	hubieras vivido
viviera/viviese	hubiera vivido
viviéramos/viviésemos	hubiéramos vivido
vivierais/vivieseis	hubierais vivido
vivieran/viviesen	hubieran vivido

imperativo afirmativo	imperativo negativo
vive	vivas
viva	viva
vivamos	vivamos
vivid	viváis
vivan	vivan

infinitivo compuesto	participio
haber vivido	vivido

gerundio simple	gerundio compuesto
viviendo	habiendo vivido

www.lernhilfen-sprachen.com

www.lernhilfen-shop.com

Titelbild: Fotolia

Herstellung und Verlag:
BoD - Books on Demand, Norderstedt
ISBN 978-3-7460-1136-3